創見文化，智慧的銳眼

www.book4u.com.tw　　www.silkbook.com

U0073655

工作不順遂？處事不圓滿？

性格的力量

喚醒你的DISC成功密碼

國際知名教育訓練專家 **郭騰尹** /著

自序。

　　有一次到天津出差，順便去天津市區的大悲禪院，寺院是千年古蹟，近代多次的翻修，位置就在海河邊上，摩天輪「天津之眼」的旁邊，買了門票，進了寺院，兩側是鐘鼓樓，我回頭一望，發現寺廟上方懸樑處有三座匾額，中間匾額上有四個字，直入我的眼簾，這四個字寫的是「來此做甚」！

　　立在臺階前，仔細琢磨這四字，這彷彿寺裡端坐的菩薩在問來者：「你來這裡做什麼？」我內心應著回答：「我來這裡拍照的。」我希望能夠拍到幾張人們對於信仰虔誠的表情，頂禮、叩首、敬香、獻果，都有著最專注的面容與眼神。因為那一刻提醒了當下的目的，就在那停留的一個多小時的時間裡，我充分把握好時間與線路，用相機不斷地取景構圖，在踏出大悲禪院那一刻，我有種不虛此行的暢快感。

　　這個經歷給了我很大的啟示，人的一生要能夠不虛此行，一定要時時提醒自己「來此做甚」，我十分接受人是乘願而來的說法，也因為知道為何而來，我們才能夠堅持與勇敢地放棄，然後我們活出了人的境界，留下一生中最美麗的印痕。

　　在培訓界已經超過二十五年，自己也早已邁過知命之年，從青春年少伙仔變成了略禿的中年大叔，回首這一路，也是一種自我追尋的過程，經歷了許多起伏沉澱，才開始明白，愈能夠看清自己，愈能活得真實。在各種關係裡，在驚濤駭浪中，駕著一葉小舟，依然安穩著前行！而 DISC 的理論就是認清自己，進而發展自己最好用的工具，就像人際關係與有效溝通的 GPS 導航儀。

　　DISC 的發展已經有百年，其理論的基礎來自美國的心理學家威廉 · 馬斯頓，隨著管理學與組織行為學、社會心理學的興起，應運而生的是各種不同的測評工具與運算技術，讓這最紮實的人類性格描述得到在人力資源領域大展拳腳的機會。過去十多年的時間裡，不論是臺灣或大陸，讓我們累積了許多國際知名的大客戶，我也從 DISC 的教學與顧問工作中獲得了極大的快樂與滿足，這課很適合我，我想這也許是上蒼安排好的，也是我此生來的原因。

　　這本書很生動地描述不同個性的溝通方法，編輯同仁用心地找了很棒的插畫家將人物視覺化，這樣更可以方便讓讀者領會，在此致上最深的謝意。同時也要謝謝實踐家教育集團董事長林偉賢老師，因為在這詭譎多變的商場，依然同心合夥近二十年，這也是公司另外一種無形的價值，雖然個性不同，但是接納與包容仍是所有合作的核心。最後要感恩臺北 DISC 部門與上海 DISC 部門的同仁，在過去的這段時間，大家一起打拼，讓 DISC 業務可以拓展，讓這本書可以呈現在各位的眼前。我是個十分幸運的人，能做我自己喜歡做的事，而且一做就是二十五年，我可以很驕傲地說：「這一生我不虛此行！」

　　在這本書出版之際，也承蒙王汝治、李志應、李勝隆、吳育儒、周宸羽、張為堯老師的推薦，他們都是臺北的工作伙伴或友人，為這本書增色添光，我們都相信這本書可以是一面鏡子，看出自己的長處與短處，然後學習修正，變成一個更好的自己，更有力量的自己，而認識自己就是成功的開始。

Chapter

3 DISC的團隊互動

Chapter

4 常見之DISC特質分析

Chapter

5

DISC如何解決團隊問題：
DISC測驗報告範例

☑ 範例 **1** 202

目　的：了解自己的人格特質、了解員工的人格特質
執行者：求職者、大學生涯輔導中心、人力銀行
版　本：DISC 個人版（典型版）

☑ 範例 **2** 220

目　的：面試、召募、職務輪調、生涯發展、員工激勵
執行者：企業人資部門或管理部門

版　本：DISC 個人版（增強版）

感謝你購買本書，相信你將會從書中的說明與解析約略發現自己的個性落在哪一個區塊！現在快來小試身手，讓你發現自己的外顯特性！請依照「DISC 性格測試簡易版」進行方式，選擇出你在工作中的狀態，若你是學生請依照作團體報告或在社團時與他人互動時的自己來填寫唷！馬上體驗你將會更了解自己！

［DISC 性格測試簡易版］

進行方式（以下所有欄位必須填寫完成，謝謝！）

※ 當您回答問題時，請想像您是身處於平常工作環境中的自己。這不是考試，沒有對錯，您只需依直覺誠實的回答。

※ 每個問題皆必須選出答案，且一定要各選出一個最符合您自己的答案

一、在同事（同學）眼中您是一位？
1、積極、熱情、有行動力的人
2、活潑、開朗、風趣幽默的人
3、忠誠、隨和、容易相處的人
4、謹慎、冷靜、注意細節的人

二、您喜歡看哪一類型的雜誌？
1、管理、財經、趨勢類
2、旅遊、美食、時尚類
3、心靈、散文、家庭類
4、科技、專業、藝術類

三、您做決策的方式？
1、希望能立即有效
2、感覺重於一切
3、有時間考慮或尋求他人意見
4、要有詳細的資料評估

四、職務上哪種工作是我最擅長的？
1、以目標為導向，有不服輸的精神
2、良好的口才，能主動的與人建立友善關係
3、能配合團隊，扮演忠誠的擁護者
4、流程的掌握，注意到細節

五、當面對壓力時，您會？
1、用行動力去面對它，並且克服它
2、希望找人傾吐，獲得認同
3、逆來順受，盡量避免衝突
4、重新思考緣由，必要時做精細的解說

六、與同事（同學）之間的相處？
1、以公事為主，很少談到個人生活
2、重視氣氛，能夠帶動團隊情趣。
3、良好的傾聽者，對人態度溫和友善
4、被動，不會主動與人建立關係

七、您希望別人如何與您溝通？

1、直接説重點，不要拐彎抹角
2、輕鬆，不要太嚴肅
3、不要一次説太多，要給予明確的支持
4、凡是説清楚，講明白。

八、要完成一件事情時，您最在意的部份是？

1、效果是否有達到
2、過程是否快樂
3、前後是否有改變
4、流程是否正確

九、什麼事情會讓您恐懼？

1、呈現弱點，被人利用
2、失去認同，被人排擠
3、過度變動，讓人無所適從
4、制度不清，標準不一

十、哪項是您自覺的缺點？

1、沒有耐心
2、欠缺細心
3、沒有主見
4、欠缺風趣

十一、您最喜歡的工作環境為何？

1、具領導地位，可以自行作決策
2、受到同事的歡迎且和大家相處愉快
3、可以在穩定中持續成長
4、注重工作中各環節的規劃與品質

十二、您的消費模式為何？

1、只看想要買的，選好就直接付錢
2、常因銷售員的親切與介紹而選擇購買
的商品
3、找一些熟悉的店家去購買商品
4、著重於商品的成本與品質

十三、當您要搭乘的電梯很擁擠時？

1、直接走入電梯，按電鈕把門關上
2、要其他人一起進來！告知一定還有地方站
3、耐心地排隊，從這一列移到下一列，且猶豫不決
4、走進電梯後，若感到很擠，會開始數人頭，若超過限制，就要人出電梯

十四、您對於完成一件專案的原則是？

1、著重於結果
2、先了解由誰領導且重視專案的過程
3、問清楚處理步驟與方法後，開始執行
4、著重於專案內容的流程與品質

十五、通常在團隊活動中，您的表現如何？

1、主動、積極，不在意他人的看法
2、喜歡招待別人，樂於和大家溝通
3、待人溫和有禮，但不主動
4、不喜歡向大眾表達自己的看法

十六、假日最想去的地方？

1、嘗試一些冒險或挑戰性的活動
2、與朋友約去逛街或吃好吃的東西
3、無所謂可與家人一起度過就可以
4、一個人去逛美術館或看書

結果統計分析

1. 選 1 的答案最多，D 型 Dominance 性格較為突出：

D 型人（Dominance），是屬於支配型的人，善於發號施令，以目標為導向，理性，求速度，重結果，熱愛挑戰，不怕壓力，相信事在人為。這種個性的人喜歡求新求變，很有創意，是標準的生意人，有強烈的企圖心與成功欲望。同樣的，他們也可能沒有耐性，主觀，欠缺人情味，好面子，自尊心強，不容易接受別人的意見和看法，情緒控制不佳，並且好惡分明。D 型的人適合做有開創性的工作，最好能夠獨當一面，從事新市場的開發、廣告創意、業務銷售都是比別人容易成功的。

2. 選 2 的答案最多，I 型 Influence 性格較為突出：

I 型人（Influence），是屬於影響型的人，標準的樂觀主義者，外向善表達，說話時臉部表情很多，聲音抑揚頓挫，還會手舞足蹈，喜歡人多與歡樂的場合，會帶動情緒，是團隊裡面的開心果，喜歡自由，不喜歡被拘束，對人際關係很敏銳，很能適應陌生人的場合，他們是選擇性的傾聽者，時間管理不太好，不太喜歡複雜性高或重覆性高的工作，他們喜歡舞台，希望得到大家的注意，若要他們乖乖坐在辦公室裡，那是一件對他很殘忍的事情。I 型的人從事公關、創意、演員、大眾傳播、業務等工作很能得心應手，但對技術性的工作、精細的工作，卻總好像少一根筋。

3. 選 3 的答案最多，S 型 Steadiness 性格較為突出：

S 型人（Steadiness），穩健型是非常有耐心的傾聽者，他們的性格

與支配型剛好相反，沒有野心，喜歡安全從容的生活與步調，喜歡按計劃行事，不喜歡太多的變動，EQ 很高，熱愛家庭生活，作風無私，願意為對方設身處地著想，是團隊非常忠實的擁護者；他們重視和諧，不善於面對衝突，作風上稍顯被動，而且沒有自己的主張，要他們改變之前，先給他們重新思考的時間和空間。S 型的人當老師、公務人員、心理諮商、客服、行政、祕書、非營利事業組織很適合，但當民意代表、律師、創業家，就很難發揮他們的天分。S 型喜愛安定、不安於改變，但也因此有最佳的持續能力，就算是事情有重大變化也會堅守崗位到最後一刻，另外 S 型是最有耐心且善於傾聽，做慈善事業是最好的（以人為導向）。

4. 選 4 的答案最多，**C** 型 Compliance 性格較為突出：

　　C 型人（Compliance），謹慎型是理性、重邏輯、流程、數字與精準的人，他與影響型的個性剛好相反，臉部表情不多，快樂與悲傷並不容易在情緒上顯現，他們不善於與人相處，但是可以和機器相處，他們注意細節，追求真理，喜歡問問題，對自我及別人要求都很高，有完美主義的傾向。許多從事會計、財務、法務的工作者都有 C 型的傾向，在公務機關待久了，或喜歡在實驗室研究的學者，或是科學園區的製造、品管工程師等都是 C 型人的大本營。C 型人較為嚴謹，強調專業，一些拋頭露臉的工作，像發言人、電話行銷、導遊等工作較不容易有傑出的表現。

我們並非是運用這樣的技術來判斷哪一型好或不好，而是希望讀者朋友了解其差異，尊重其差異，以及善用其差異。我們並不是將人貼上標籤，告訴大家人有D、I、S、C四種類型，而是每一個人都有著D、I、S、C四種類型，只是因時、因地、因人會有不同的百分比，千萬不要以點蓋面、以偏概全了。

Chapter

1

一種世界通用的
行為語言

什麼是 DISC ？

　　DISC 是一種「人類行為語言」，其基礎為美國心理學家馬斯頓博士（Dr. William Moulton Marston）於一九二〇年代的研究成果。馬斯頓博士的研究方向有別於佛洛依德（Sigmund Freud）和榮格（Carl Gustav Jung）教導的異常行為，他觀察的是可辨認的正常人類行為。

　　人類具有四種基本的性格類型，也被稱為「人類行為的四種模式」，這些性格元素以複雜的方式組合在一起，構成了每個人獨特的性格。馬斯頓博士發現行事風格類似的人會表現出類似的行為，這些行事風格雖然多元，但卻都是可辨認、可觀察的正常人類行為，而這些行為也會成為一個人處理事情的方式。

　　馬斯頓博士將這四種性格類型稱為：

Dominance	支配型	The Director	老闆型／指揮者
Influence	影響型	The Interactor	互動型／社交者
Steadiness	穩健型	The Supporter	支援型／支持者
Compliance	謹慎型	The Corrector	修正型／思考者

　　當我們將四種類型的英文單字的第一個字母合稱起來，即是所謂的「DISC」。

　　當你不注意時，你所慣用的行為模式便會悄悄地顯露出來，這些外顯的行為語言都將一一地展示在他人眼前，無論你明白或不明白，它始終都影響著你與他人的互動關係。

　　我們並非是運用這樣的技術來判斷哪一型好或不好，而是希望讀者朋友了解其差異，尊重其差異，以及善用其差異。我們並不是將人貼上標籤，告訴大家人有 D、I、S、C 四種類型，而是每一個人都有著 D、I、S、C 四種類型，只是因時、因地、因人會有不同的百分比，千萬不要以點蓋面、以偏概全了。

DISC 的歷史

從早期的占星學開始，一些理論家就不斷地尋找可以定義個人行為模式的方法。而 DISC 的核心理念可以追溯到古希臘時期的醫學之父——希波克拉底（Hippocrates），也就是「希波克拉底誓言」的作者，他是最早以四種不同的元素來詮釋人類行為的人。他以希臘四元素：「火」、「空氣」、「水」和「土」作為基礎，提出人類的四種基本性情，也就是「易怒」、「樂觀」、「冷靜」和「憂鬱」。

簡單來說，性情易怒的人的特質是「毫不猶豫地採取行動」；個性樂觀者是「熱心、有活力且外向的」；性情冷靜的人是「缺乏行動力、有耐心且沉著的」；性情憂鬱的人是「嚴肅、憂慮且安靜的」。

許多現代的行為理論均是以這四項因素為基礎，包括德國哲學家康德（Immanuel Kant）及瑞士心理學家榮格，其中最具影響力的可能要算是榮格的研究了，他於十九世紀首次以科學的方式將個人行為定義為著名的四種分類：感覺、直覺、情感和思維。

其後，心理學家便提出了數十種不同的行為分類模式，有些模式甚至包含超過十種以上的人格類型，這些人格模式有的被賦予抽象的名稱，有的則以鳥類、動物或顏色來命名，但是仍以分成四種類型的方式最被廣泛接受。這四項元素的組合造就了許多評量方法，而 DISC

就是其中的一種。

　　一九二〇年代，美國心理學家馬斯頓博士發展一套理論，用以解釋人類的情緒反應。當時，對於這一類的研究仍侷限於心理疾病或是刑案上的精神錯亂方面，然而馬斯頓想要將這些概念延伸涵蓋到一般人的行為方面。馬斯頓是研究人類行為的重要學者，他設計了一種可測量四項重要性因子的性格測驗，這四項因子分別為「支配」、「影響」、「穩健」與「謹慎」，這套方法也是因這四項因素而命名為DISC，這就是DISC的由來。

　　一九二八年，馬斯頓在他的著作《常人之情緒》（The Emotion of Normal People）中公開了他的發現，並在書中對其所發展的系統作了簡短的敘述，該書首度嘗試將心理學從純粹的臨床背景向外延伸應用到一般人身上。

　　從這樣不起眼的開始，DISC系統現在可能已經發展成為全世界最被廣泛採用的性格評量工具，如果談到性格模式測驗，DISC這四個英文字幾乎已經成為全世界共通的語言，因為DISC不隨種族、法規、文化或經濟地位而改變，它代表著一種可觀察的人類行為與情緒。

　　自一九七〇年代末期開始，許多書商或訓練機構又依據DISC的行為基礎，發展並出版了不同的描述方式。至今已有遍及八十四個國家，超過五千萬人次做過DISC測試，藉此對自己的行事作風有所了解，並對其準確度感到非常滿意與驚訝。目前這個受惠人次的數字還在持續攀升中，並且方興未艾。

掌握 DISC 的性格關鍵

有了 DISC 這套科學工具作為輔助，將會讓你對自己及他人有更深入、具體、完整而客觀的了解。因為：

❶ DISC 是促進自我了解、相互體認與擴展人際關係的最佳工具。

❷ DISC 讓主管與部屬之間的溝通更順利，能幫助減少隔閡、壓力與衝突。

❸ DISC 讓團隊之間更具潤滑與互補的合作關係，以充分發揮潛在產能。

❹ DISC 能協助業務員了解客戶特性，並正確解讀其傳達出的需求訊息，以創造更好的業績。

現在就握著這串 DISC 鑰匙，來打開性格關鍵的祕密吧！我們就先從 DISC 特質上的描述開始吧：

D代表「支配」（Dominance）

代表人物：拿破崙。「支配」代表著直接、控制與獨斷，性格中有激烈的特質。他們扮演的是一個「指揮者」。

支配度高者有自己的想法，並且非常想成功，同時極善於讓別人

依照他們的方法做事。支配能量高的人會做全盤考量,並看情況是否有利於滿足自己的需要,他們會透過直接且壓迫性的行為掌控環境,在現況不利時,他們通常能壓住反對的聲音。

　　支配度高者工作時很像生意人,他們的工作環境忙碌、正式、有效率、有組織且功能性高。他們個性果斷、反應快、善於言詞,同時尖銳而不圓融,因為他們以事為主,並要求結果。高自我意識的長處使這類型的人經常成為組織的火車頭,因為他們好勝、喜歡改變並討厭現況。他們要的是直接答案,喜歡馬上看到結果。

D 型人的性格特色

★ D 型的性格是積極、外向、以任務為中心的。

★ D 勇於追求的性格,使他們往往可以獲得看似不可能的成功。如果你對他們說「不」,他們會想出另一個辦法繞過你。

★ D 獨斷專橫,他們會很快地樹立一個觀點,並堅持這個觀點;但他們又是如此地在乎結果,以致可能隨時改變主意。

★ D 會表現出對抗性,他們不喜歡接受命令,不會人云亦云,他們通常不會被群體所影響,而是成為群體的領導。

★ D 的意志堅強,他們頑強、獨立而樂觀,如果他們不能以自己要求的方式行事,就會尋求其他方式實現其目的。如果不能達到目的,他們就會選擇離開。他們不喜歡待在悲觀者的旁邊。

★ D 視任何一個試圖阻礙他們的人為對手,他們會用言語和行動

把敵人打倒在地。

★ D 是非常實際的實幹家，是果斷的決策者，他們不怕犯錯，永遠充滿信心，即使遇到阻礙，也能克服困難努力前行，即使錯了，也認為不過就是一次很好的學習。

★ D 會因為一些小事而暴跳如雷，但他們也比其他性格的人更快找到接下來解決問題的方法。

★ D 喜愛衝突，處於戰鬥狀態讓他們感到舒服自在，一旦目標消失，他們就會去尋找下一個新目標，然後發動攻擊。

★ D 喜歡有多種方案的選擇，他們不喜歡被放進一個模子。他們也需要「控制」，如果不能主控局面，他們會覺得自己在這裡沒有用處。

只要有 D 不斷地前進和成長，這個世界就會被推動著而不斷地開創出新的局面。

D 型人經常被如此描述

獨立，好勝，果敢，進取，強硬，直接，主動，反應快，善於言詞。

D 型人的肢體語言

★說話快而音量大　　★語調單調　　★陳述多

★談話內容以事為主，多運用事實與資料

★沒耐心的傾聽者；喜歡打斷別人的話

★情緒易怒　　　　　　　★對人際關係極不在意

★握手時有力　　　　　　★直接目光接觸

★控制過的臉部表情　　　★僵硬的姿勢：顯得有自信

★表達意見時向前傾　　　★避免肢體接觸

★動作迅速有目的

★沒耐心的表現：腳打拍子，手叩桌子，搖椅子，用筆敲東西，坐立不安

★大跨步走路，表情聚精會神，喜歡吃快餐

★重點訊息：速度，「現在就照我的話去做」

▌代表「影響」（Influence）

　　代表人物：貓王。「影響」代表著爽朗、友善、外向、溫暖與熱情。他們扮演的是一個「社交者」。

　　影響度高者溝通能力強，對自己的社交能力很有自信。為了滿足需要，高影響能量者會先結合他人，說服其合作，以團隊方式完成預期目標。影響型生性樂觀，會將多數狀況視為有利條件。他們經常急於認識他人並希望獲得欣賞，其行為有時是不善社交者難以理解的。他們的自我意識強、口才佳而圓滑，對人的感覺敏感。

　　影響度高者工作時步調快速又即興，常會忽略細節且雜亂無章。他們信賴人、會聽他人說話，但會選擇性地聽自己想聽的事情。他們

的工作環境友善、個人化並可激發創意。他們喜歡接觸人群，也珍惜人際關係，在任何時候都可以交朋友。

I 型人的性格特色

★ I 型的性格是積極、外向、以人為中心的。

★ I 的存在總是令人笑聲不斷，他們非常幽默，他們能讓事情變得有趣。

★ I 能說善道，感染力超強，但常會把事情說得超出實際情況。

★ I 在組織活動中通常是檯面上的前線人物。他們認為世界就是一座舞臺，而他們就是舞臺上的主角。

★ I 具有誘導力，他們能促使事情發生。保持動態，會讓他們感到舒服。

★ I 是會鼓舞人心的，他們總是看到生活中好的一面，他們總是讓事情聽起來很棒。

★ I 很有人情味，如果你的心情不好，他們總是第一個逗你開心的人。

★ I 的情緒容易波動，也容易衝動，經常無法自我約束。

★ I 的交友廣闊，與人交往是他們的生活，他們喜歡與人結伴，對人滿懷興趣。

★ I 有影響力，但也容易受影響，他們在許多方面是潮流的引領者，也是追隨者。

★ I 對人敏感，他們強烈希望獲得別人的喜愛，所以他們願意做任何事來討好別人、引起別人的注目。

★ I 喜歡做重要的工作，但不見得會從基礎做起。他們是夢想家。

★ I 的面貌多變，他們缺乏持續性，但也充滿彈性，會根據所處的環境迅速轉換。

★ I 經常不加思索就採取行動，容易感情用事，也容易受人利用。

★ I 喜歡熱鬧，他們很少保持沉默，但有時他們的話真的太多了。

★ I 樂於與人分享，他們誠摯地希望別人也會欣賞並享受他們所喜愛的事物。

只要有 I 主動為人們帶來歡樂，這個世界就會充滿祝福與希望。

I 型人經常被如此描述

樂觀，熱忱，活潑，樂於助人，有說服力，善於表達，令人愉快。

I 型人的肢體語言

★ 說話快而大聲　　★ 語調抑揚頓挫　　★ 陳述多

★ 談話內容以人為主，多運用意見與故事

★ 對人際關係積極參與　★ 選擇性的傾聽者；喜歡插嘴

★ 情緒化；自由表露　　★ 握手時有力　　★ 直接目光接觸

★ 活潑的臉部表情　　★ 休閒、接納的姿勢：顯得有自信

★表達意見時向前傾　　★喜歡身體接觸　　★動作迅速無目的

★鬆散的表現：停不下來，到處移動，晃動頭部，眼睛左顧右盼

★走路蹦蹦跳跳，面如桃花　　　　★喜歡美食

★重點訊息：活力，「做，且做得高興」

S代表「穩健」（Steadiness）

代表人物：甘地。「穩健」代表謹慎、穩定、耐心、忠誠與同情心。他們扮演的是一個「支持者」。

穩健度高者，不僅是忠誠的員工，也是可信賴的團隊成員，他們是按部就班的邏輯思考者，喜歡為一個領袖或目標奮鬥。他們有耐心、和善，是能設身處地且富有同情心的傾聽者，他們關心他人的感覺和問題，喜歡幫忙，並和他人相處愉快，在專案中尤其能扮演幕僚的角色。他們服從命令，卻從不自告奮勇。

穩健度高者很謙虛，在大部分的情況下，剛開始時都不直接，然而，若他們認為自己全盤了解狀況，並已下定決心的話，頑強固執的個性就會出現。

穩健型在工作時偏好休閒協調的穿著，他們的工作環境個人化、輕鬆、友好且非正式。他們喜歡一致、緩慢並簡單的方法，同時具備長期的專注力，使他們能四平八穩地執行工作。

S 型人的性格特色

★ S 型的性格是消極、內向、以人為中心的。

★ S 保守而敏感，為了迴避風險和未知的情況，在採取行動和作出決定之前，會先徵詢別人的看法，所以決策與行動的速度都顯得比較緩慢。

★ S 是好好先生、小姐，他們不斷找尋合作和助人的方法，他們希望能讓人感受到愛和支持。

★ S 是可靠的、善於協助的工作者，也是優秀的團隊成員。

★ S 個性隨和而順從，他們能很好地接受命令，他們會去做別人期望他們做的事情。

★ S 常常埋沒自己，為順應別人而調整自己。

★ S 做事情喜歡維持現狀，不追求突破，喜歡已知和預料中的事。

★ S 充滿感性，念舊而經常回顧過去。

★ S 循規蹈矩，與世無爭，不想傷害別人，也不願給人帶來麻煩，視平靜的生活為幸福。

只要有 S 一直很有耐心地散發他們的關懷，這個世界就永遠不會失去愛與溫暖。

S 型人經常被如此描述

忠實，可靠，從容，有耐心，合群，優柔寡斷，穩定，善於傾聽。

S 型人的肢體語言

★語調抑揚頓挫　　　　　　★陳述少

★談話內容以人為主，多運用意見與故事

★對人際關係會長遠建立　　★很好的傾聽者

★不情緒化：隱藏感覺　　　★握手時溫和

★避免目光接觸　　　　　　★活潑的臉部表情

★休閒接納的姿勢：安靜，猶豫不決　　★表達意見時向後傾

★喜歡身體接觸　　　　　　★動作緩慢，幅度小

★了解的表現：慢慢點頭，頭傾向一邊

★走路徐緩，面帶微笑　　　★喜歡與親友聚餐

★重點訊息：友善，「準備好才做，且一定要做」

C 代表「謹慎」（Compliance）

代表人物：史巴克（電影星艦迷航記（Star Trek）主角之一）。「謹慎」代表著組織、細節、事實、精準與準確。他們扮演的是一個「思考者」。

謹慎度高者盡忠職守、謹慎、遵守規定。他們天生精準且井然有序，由於他們思路清晰，只要知道正確的方向為何，就會受到激勵。因為他們喜歡規矩和秩序，他們對自己和下屬的要求都非常高，凡事講求細節且維持高標準，不管做什麼都要求完美。

　　謹慎度高者在執行工作時，喜歡將工作定義並解釋清楚，同時盡可能蒐集相關的資料和測試。他們自認扮演務實的角色，例如工作中需要思路清晰者或有專業技術問題時，他們會是很好的選擇。在熟悉環境的小團隊裡，他們可建立緊密的關係。

C 型人的性格特色

★ C 型的性格是消極、內向、以任務為中心的。

★ C 研究事實，遵循事實；他們制定流程，依規定行事。

★ C 個性謹慎，做事仔細，不希望出錯，會三思而後行。

★ C 性格中隱含的「控制」和「被動」兩股力量，使他們的人格比傳統所認為的要複雜許多。

★ C 辦事認真有條理，例如：遇到意外和差錯會很懊惱，對那些違背邏輯的人感到頭痛。

★ C 喜歡智能型的工作，習慣於懷疑，喜歡看已具體成文的東西。

★ C 在工作中，希望別人講信用、專業化；在社交場合，希望別人誠摯、有禮貌。

★ C 會循序漸進地考慮問題，不會無厘頭地到處亂撞。

★ C 追求完美，如果他們認為可以讓事情更好，就會不遺餘力地去努力，尋找改進的途徑。

★ C 精於分析，能把大事化為細目來思考，但卻不善於綜合歸納。

★ C 重視秩序，喜歡把東西歸定位，對生活的步調亦是如此。

★ C 喜歡安定，喜歡處在熟悉的「舒適地帶」，所以他們會忠於傳統、忠實於他所認知的真理。

★ C 不擅長交際，傾向獨自、緩慢、細緻地做自己的事。

只要有 C 持續不懈地研發，把事情做得更完善，這個世界就會不斷地向更美好推展。

C 型人經常被如此描述

被動，自律，刻板，保守，完美主義，邏輯性強，善分析。

C 型人的肢體語言

★說話慢而溫柔　　★語調單調　　　　★陳述少

★談話內容以事為主，多運用事實與資料

★對人際關係不關心　★批評式的傾聽者

★不情緒化：容易提出批評　　　　★動作緩慢而保守

★避免目光接觸　　★控制過的臉部表情

★僵硬的姿勢：沉默，思考中　　　★表達意見時向後傾

★避免身體接觸　　★握手時溫和　★評估：搓下巴，擦眼鏡

★走路看地上，表情嚴肅　　　　★喜歡一個人慢慢用餐

★重點訊息：精準，「做得對，做得準」

DISC 座標圖分析

步調快、獨斷、直接、外向

獨立、以事為主、喜支配

＊支配／指揮者
＊發號施令者
＊獨立果決
＊自尊心極高
＊**希望**：改變
＊**驅力**：實際的成果
＊**面對壓力時可能會**：沒耐心
＊**希望別人**：回答直接、掌握狀況、拿出成果
＊**害怕**：失去掌握

＊影響／社交者
＊口才好／喜交際者／以人為主
＊追求互動
＊樂觀且情緒化
＊**希望**：認同、友好關係
＊**驅力**：社會認同
＊**面對壓力時可能會**：輕率、情緒化
＊**希望別人**：講信用、給予聲望
＊**害怕**：失去社會認同

講關係、以人為主、愛助人

＊謹慎／思考者
＊善分析／重思考
＊以程序為主
＊注重細節
＊高標準、完美主義者
＊**希望**：精準有邏輯的方法
＊**驅力**：把事情做好
＊**面對壓力時可能會**：憂慮、逃避
＊**希望別人**：提供完整說明及詳細資料
＊**害怕**：被批評

＊穩健／支持者
＊設身處地
＊以步驟為主
＊追求一致性
＊堅守信念，容易預測，話不多
＊**希望**：固定不變、誠心感謝、多些時間考慮
＊**驅力**：標準原則
＊**面對壓力時可能會**：猶豫不決、妥協
＊**希望別人**：提出保證且盡量不改變
＊**害怕**：失去保障

步調慢、保守、間接、內向

為了將 DISC 更生活化的呈現出來，我們設計了四個人物，他們過去是大學同學，分別是丁勝強、尹善群、蘇永萍與陳思穎，前二人是男性，後二人是女性，尹善群與陳思穎是夫妻關係。他們各自在職場有所歷練，也各有挫折，在多年後，他們決定共創事業。為何取這四個名字，聰明的讀者可由名字的英文拼音發現，這樣也有助於讀者理解與記憶。

Chapter

2

DISC的虛擬實境

關於這四個人：四人的個性分析

丁勝強（42歲，男性）

標準 **D** 型人
Dominance 支配型
（The Director 指揮者，老闆型）
★ ★ ★

○ 他總是精力旺盛，腦子裡的點子總不停地在運轉。他總有事情可做，總有地方可去，總有人可以拜訪。

○ 他有強烈的成功動機，但可不是盲衝瞎撞，而是有目標、有眼光、敢於突破創新的。

○ 他的個性積極且非常實際，認為事在人為，很難接受「不行」的答案。

○ 他善於抓住機會，卻不耐煩處理瑣碎的事務。

○ 他要別人聽命行事，甚至具侵略性，因為他總是希望控制生活與周遭的環境。

○ 他脾氣火爆，但來得快去得也快，常保持積極的作風，因為他不想被困在無用的情緒裡，趕緊向前看比較重要。

- 他主觀意識濃厚，因為他相信自己知道的比別人更多，除非有他認為更好的主意出現。

- 他行事果斷，不怕犯錯卻不易認錯，但可隨時因應現實而改變策略，勇於接受挑戰。

- 他的好勝心與企圖心經常顯得咄咄逼人，但他遇到困難或危險時，那絕不輕易退縮的堅定、自信與抗壓性，也總是令人佩服。

- 他會在逆境中努力完成目標，卻不期待旁人伸出援手，即使外援不可避免，他也不會請求合作，而是直接發號施令。

- 他反應快，能說善道，不高談闊論也不拐彎抹角，一針見血，但總是忽略別人的感受。

- 他不擅長與人相處，總是以事情、任務為導向，沒耐心傾聽，很難表現出熱情與同情，所以也很難與人建立起親密關係。

- 他講求效率，追求結果，討厭猶豫不決。

- 他是傑出的領導人，高要求的行動者。

尹善群（42歲，男性）

標準 I 型人
Influence 影響型
（The Interactor 社交者，互動型）
★ ★ ★

📍 他總有生動的故事和說不完的笑話，只要有他在的地方，總是氣氛熱絡、笑聲不斷。

📍 他不喜歡重複、不能忍受一成不變，他喜歡熱鬧，喜歡無拘無束、追求刺激，拒絕乏味的工作。

📍 他對新鮮事總是表現出高度的熱情，但熱情往往持續不久，只要新鮮感一過，就容易感到無聊。

📍 他經常會突發奇想地離題，做起事來總是快節奏，但卻不太顧及準確的事實和細節。他勇於嘗試，但是經常憑直覺行動和作決定。

📍 他不耐於埋頭苦幹，喜歡拋頭露面，重視地位和頭銜，最好舞臺上的燈光都聚焦在他身上。

- 他友善、開朗，極具魅力，樂於與人親近，也總能很快地與人建立起關係。對他來說，沒有人是陌生人。

- 他心直口快，有時顯得感情用事、容易衝動，但情緒來得快，去得也快。

- 他喜歡呼朋引伴，討厭孤獨的感覺，他善於鼓舞別人，也需要聽眾和觀眾的肯定。

- 他對人的興趣甚於對事情，完成工作不重要，重要的是如何在工作中與人們和睦相處。

- 他對人際關係很敏銳，總是很容易注意到別人的感受。他的口才好，也喜歡吃好吃的東西。

蘇永萍（41歲，女性）

標準 **S** 型人
Steadiness 穩健型
（The Supporter 支持者，支援型）
★ ★ ★

○ 她的個性謙遜溫和，總是面帶微笑，總是慢條斯理，不是很有自信，也不太會表達自己的感受。

○ 她喜歡一次只做一件事情，在採取行動和做出決定之前，會先徵詢別人的意見。

○ 她不喜歡獨斷獨行，希望能獲得清楚的指示和大力的支持，然後她就會以穩健的步伐，持之以恆地完成工作。

○ 她追求穩定，不喜歡急促的工作環境，凡事都先作好計畫，期待大家按計畫行事。

○ 她有點含蓄與害羞，很願意參與團隊，卻不願意成為矚目的焦點，寧願躲在角落，不願意出鋒頭。

○ 她比較被動，有時顯得保守和順從。她願

意討好別人，不好意思拒絕人。她尋求安全感，也給人安全感。

- 她很有禮貌、很有風度，不與人爭，即使被占了便宜也不會意氣用事。而且家庭觀念強，EQ 高。

- 她會盡量避免對立與衝突，希望與人建立起友好與信任的關係。她總是以大局為重，善於扮演支援的角色。

- 她富有耐心與同情心，會關心別人的問題與感受，是很好的傾聽者。

- 她經常因為想太多而顯得猶豫不決、優柔寡斷，這是因為她不想出錯、不想任何人受到傷害，總是希望結果是圓滿的。

- 她很有奉獻精神，很能設身處地為別人著想，所以總是令人感到舒服。

- 她的忠誠度很高，會為了一個目標或領袖而終生奮鬥不懈。

陳思穎（42歲，女性）

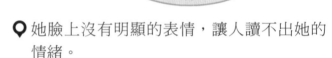

- 她臉上沒有明顯的表情，讓人讀不出她的情緒。

- 她有透視問題的能力，然而卻只在別人要求時才會發表意見。

- 她希望透過組織與程序來掌控環境，也會要求自己嚴守紀律。她有自己的行事準則，重視規矩與傳統。

- 她實事求是，注意細節與流程，也強調蒐集數據與資料。

- 她注重分析，常能洞見細微而具體的問題，但是太重批判性，因此容易被認為是挑剔、吹毛求疵。

- 她是系統性解決問題的高手，但在決策時會顯得不夠果斷。

- 她喜歡正確，條理分明，思維嚴謹，邏輯性強，很喜歡問問題。

- 她不爭強好勝，可以聽從指揮、按指令辦事，並且做事認真、不輕言放棄。

- 她有時也堅持己見，只要她認定那是正確的，就別想輕易動搖她的決定。

- 她會執著在舊有、已知的方法上，缺乏靈活應變的能力。

- 她善於獨處，與其外出應酬，她寧願待在家裡看本好書。

- 她不習慣與人有肢體上的接觸，總是與人保持著禮貌性的距離。

序幕：故事就是這麼開始的

　　在一個春雨乍歇的午後，陳思穎與尹善群這對夫妻走進了他們經常去的那家 DISC 咖啡廳，由於與店員已經有點熟識，尹善群一進門就先忙著和他們打招呼，而陳思穎只是微微點個頭就選個角落的座位坐下，點了她一向喝的 Latte。而尹善群打完一圈招呼後，也順便點了店員推薦的新口味花茶，然後才到座位上坐定。

　　陳思穎從包包裡掏出資料、備好紙筆，開始一邊專注地研讀資料，一邊若有所思地記著筆記。當花茶送上，尹善群喝了一口，便對著服務生讚美：「嗯！這茶不錯，待會兒可以介紹給他們。」

　　尹善群口中的「他們」，指的是丁勝強與蘇永萍，他們四人是從大學社團時代就經常湊在一塊的老同學。

　　事實上，他們不是來喝下午茶，而是為了即將合夥的事業來開籌備會議的。地點是陳思穎的決定，因為她覺得這裡比較安靜，她也比較熟悉。為了不遲到，陳思穎早在家裡就不斷地催促電話講不停的尹善群趕快出門，最後果然比預定的兩點半早到了十五分鐘。

　　看看時間還早，店裡的客人又不多，尹善群索性走向櫃臺與店員閒聊起來，從最近看的電影、新聞事件到店裡的生意，不時逗得店員們哈哈大笑，店員們都喜歡他。

　　就在笑聲中，蘇永萍出現在門口，她有點不確定地東張西望，尹善群看到了，不等服務生出聲，就上前喊道：「嗨！蘇永萍，我們在這裡，快進來，快進來！」蘇永萍此時臉上才放下不安的神色：「第一次來這家店，我還怕找錯地方呢！你們很早就到了嗎？是不是等很久了？」

　　「沒關係，是陳思穎太緊張，一直催，所以我們早到了，你倒是挺準時的，時間算得剛剛好。」

　　陳思穎也早已站了起來，拉著蘇永萍入座時說：「我是怕路上有什麼突發狀況，所以都習慣提早出門，不像善群電話一講就沒完沒了，要不是我一直在旁邊指著錶催他，我看我們一定會遲到。」她雖然說得不疾不徐，臉上也看不出不高興，不過聽得出來她是在數落尹善群。

　　尹善群做了個無辜的表情，突然想起：「老丁呢？老丁怎麼還沒來？」

　　「喔！他有打電話告訴我說早上得去一趟桃園，我還特別提醒他下午的時間，他應該不會忘。」蘇永萍趕緊補充。

　　「老丁這傢伙，就是喜歡把 Schedule 排得滿滿的，我來 call 他，看他現在到哪裡了？」尹善群拿起手機，像逮到什麼似的，準備藉機糗糗老同學，順便轉移話題。

　　可惜手機只撥打了一半，就見丁勝強像風似的大踏步走了進來，一坐下劈頭就說：「剛剛在高速公路上我飆得超快的，原本還想可以提早到，誰知道下了高速公路，一輛老爺車硬是擋在前面，又超不了

車，害我在車裡直罵髒話。不過我沒遲到太久吧？對了，我五點還有一個約，所以待會兒可能要討論快一點喔。」

於是，尹善群一邊幫忙招呼新客人點餐，一邊還不忘推薦自己剛剛喝過的新口味。而陳思穎則早把上次開會過後整理好的資料發給每個人，然後大家就顧不得閒話，立刻切入正題。丁勝強首先發言：「關於上次的討論啊，我有另外的 idea……」

就這樣，在一個春雨乍歇的午後，街景的一切都像被水洗得充滿了新綠的氣息，而這四個人共創事業的夢想也正要開始萌芽……

情境
1
不同特質在小組中的團隊運作

故事先回溯到他們踏入社會那時開始說起。

這四個人也和大部分的人一樣，年輕時曾經到各家公司去應徵。有趣的是，他們都曾在面試時回答過一個類似的問題——如果讓你負責一個專案，你會如何來帶領你的團隊？

事實上，他們的回答也正為他們日後在職場上的寫照留下了伏筆。

 ## D 型丁勝強的回答

「我會先擬定目標，並說服上級主管接受我的構想，因為這構想絕對是最棒的。然後我會成立各個工作小組，分派任務，同時要他們把每天的工作進度向我報告，即使我不在，也絕不會讓進度落後，反正，在我的帶領之下，是不會有人可以偷懶的。

當然，我也會注意市場上的動態，隨時調整我的策略。即使有困難也難不倒我，我一定會帶領整個團隊突破阻礙，達成目標。我務求準時完成任務，並且絕不超出預算。

事實上，不只一個專案，如果同時讓我負責兩、三個專案，我也有信心可以做得很好。」

◆ D 型的行事風格

- 以問題為導向
- 發號施令
- 對現狀提出質疑
- 行動積極
- 勇於接受挑戰
- 立刻要結果
- 作決定很快
- 克服困難

◆ D 型的價值追求

- 享用權力
- 有獨當一面的機會
- 能夠突破與改革
- 創新、多變化
- 能力、眼光受到肯定
- 領導具行動力的團隊
- 不受拘束的環境
- 不喜歡被監控

◆ D 型需要的夥伴

- 評估風險
- 計畫、協調能力強
- 精算利弊得失
- 注重別人的感受
- 謹慎決策
- 能用言語鼓舞士氣
- 處理後勤細節問題
- 不具備野心

I 型尹善群的回答

「喔,我一定會有很多的創意,然後我會找到很多人來一起策畫,最好是各個部門都有人參與。

我會隨時為我的工作團隊打氣、激勵,甚至辦一個出國旅遊的競賽,我不會讓大家感到孤單無助的。

我會定期或不定期地召開工作會議,讓大家聊聊有沒有什麼新點子,隨時腦力激盪一下。最好還準備一些咖啡和點心,讓會議不要太沉悶,因為我不喜歡把工作氣氛搞得太嚴肅。

我喜歡交朋友,跟我一起工作的人一定都會感受到我的活力而覺得心情愉快。心情要愉快,工作才帶勁嘛!因為只有營造一個樂在工作的環境,大家才會願意投入更多的時間與熱情。

精彩的還在後面呢!等專案完成的時候,我還會辦一個熱鬧的慶功宴,幫整個專案來一個漂亮的 ending,保證回味無窮。」

◆ I 型的行事風格

- 喜歡交朋友
- 腦筋轉得快,點子多
- 善於說服他人
- 自由、不喜受拘束
- 營造熱鬧氣氛
- 樂觀、情緒化
- 能振奮人心
- 容易親近

◆ I 型的價值追求

- 受到大家歡迎
- 多元的人際互動
- 能力被肯定

- 不需細節和數字
- 能發揮口才
- 沒有太多制式約束
- 團體活動
- 強烈獲得團隊需要

◆I型需要的夥伴

- 能直述重點
- 不被雜務分心
- 針對事情評論
- 具邏輯的思考方式
- 蒐集客觀資訊
- 較好的自我管理
- 貫徹到底的恆心
- 對人不抱持偏見

 S 型蘇永萍的回答

「我會先了解一下上級主管的想法,如果主管們的想法不太一樣,我會想辦法找到一個折衷的方向,讓大家都能接受。當然,這需要給我一點時間。

一旦方向確定之後,最好不要再有變化,這樣比較能夠貫徹到底。

然後我會擬定好工作的步驟,找齊團隊的成員,成員們必須具備一定的穩定性,因為我希望人員不要流動,這樣合作起來比較能培養默契。

我會確認他們手上都有一份完整的工作計畫,當工作展開時,我會從旁協助,以便讓每一個人都能按照計畫完成他們分內的工作。

我喜歡團隊合作的感覺,我希望整個工作團隊就像一家人一樣,所以我會隨時關心他們,我會與每一個團隊成員聊聊,了解他們對工

作及自己的期待為何？我願意尊重並信任我的團隊成員，我希望他們能按照進度完成，也歡迎他們有困難時都能來找我談談，不管是工作上或生活上的事。

我相信這樣的團隊一定能如實地完成目標。」

◆ S 型的行事風格

- 決策態度謹慎
- 善於傾聽與安撫
- 忠誠度高
- 做事按部就班
- 避免衝突，追求一致性
- 對事情專注且有恆心
- 樂於提供協助

◆ S 型的價值追求

- 穩定、有保障的環境
- 受到誠心的感謝
- 按計畫進行的工作
- 兼顧家庭生活
- 充裕的思考時間
- 建立親密團體關係
- 成果獲得肯定
- 被團體需要的感覺

◆ S 型需要的夥伴

- 靈活的應變能力
- 懂得適時表達拒絕
- 接受突發狀況
- 不在意他人的看法
- 勇於求新求變
- 展現個人優勢
- 一心可以多用
- 能主動面對人群

C 型陳思穎的回答

「我會謹慎地評估過整個狀況之後，再決定要不要接這個案子。我會去確認我的權責，並且了解領導者為何要這麼做。我可不想因為貿然答應，反而耽誤了公司的計畫。但是如果答應了，我就會全力以赴。

不過一定要給我足夠的時間，我不是草率行事、急就章的那種人，我需要足夠的資訊，再鉅細靡遺地思考每一個步驟，包括過程中可能會有的風險、屆時的應變、需要的預算、成本的控制等等，每一個細節我都會考慮進去。

我不做則已，一旦要做，我一定要求最高的品質。然後我會親自督導並追蹤每一個環節，以保證一切的運作都井然有序不出錯。相信在我精密的掌控下，這絕對會是一個完美的計畫。」

◆ C 型的行事風格

- 善於邏輯分析、思考
- 自制力強，盡忠職守
- 蒐集數據及資料
- 具批判性
- 重視程序與規則
- 充滿危機意識
- 完美主義，高標準
- 避免粗製濫造的結果

◆ C 型的價值追求

- 品質與精準性
- 清楚的行為規範
- 清楚的法規與制度
- 知性的專業表現
- 能有時間思考環境
- 獨立思考的空間

- 具體的工作要求　　- 有意義且長久的貢獻

◆ C 型需要的夥伴

- 迅速的決斷力　　- 坦率表達意見　　- 簡潔而省時的方法
- 參與團隊運作　　- 說出關心與感謝　　- 充分討論達成協議
- 適應變化，活用政策　　　　　　　　- 帶動團隊士氣

情境 2 不同特質潛藏的人際互動

　　當這四人進入了職場，無論在個人還是在團體中，無論是刻意還是被動的，細微而精采的人類行為特質都開始陸續展現，而這些行為特質也或多或少透露出他們的內在性格。

　　早上八點五十分，趕著上班的人潮陸續踏進了辦公大樓內，電梯前面漸漸聚集了焦急等候的臉孔，有的氣定神閒，有的露出不耐，有的直盯著樓層的指示燈瞧，有的猛按上下按鈕，有的緊緊地守在一個門前，有的則游移在各個電梯門前。

　　終於，電梯來了……

丁勝強 　若是 D 型丁勝強，他會這樣反應

丁勝強在心裡提醒自己：今天早上一定要見到總經理，所以待會兒第一件事就是去找祕書，請總經理務必把時間排給我。

「我要總經理告訴我，他希望我開創歐洲地區的市場。」

「目標是什麼？」

「營業額要多少？」

「今天就把計畫說清楚。」

「我要更大的權限，我才能掌握更多的情況。」

「我會用最快的速度把事情搞定。」

當大家魚貫地走入電梯之後，丁勝強沒有注意後面正有人匆匆趕來，便直接走進電梯，毫不遲疑地按鈕，將電梯門關上。徒留那一個只差一步的人在電梯關門的剎那，露出錯愕與扼腕交雜的表情。而站在最靠近電梯門口的丁勝強，卻瞧也沒瞧他一眼。丁勝強總是聚焦在自己的目標上，他會忽略別人的需求與感受。

尹善群 　若是 I 型尹善群，他會這樣反應

尹善群一邊注意有沒有認識的同事，一邊盤算著要見總經理一面，當然就得先去和祕書哈啦一下：「我這點子很炫，可以讓公司迅速打響知名度喔，所以趕快幫我約總經理吧！」順便把新買的手機秀給她看。

他要告訴總經理：

「我有一個好主意，你聽聽看覺得怎麼樣？」

「這個計劃，可以找誰參與？」

「我認識 A 公司的副總，也許可以找他們合作。」

「給我掛個執行總監，我出去可以談得更得心應手。」

「先別管細節，現在可是個好機會。」

電梯開門了，尹善群擠進了一個位置，看到外面那個五樓的會計小姐正準備放棄，他也不管所剩的空間已經有限，便不假思索地大聲說：「快進來，快進來，妳這麼瘦，沒問題的。」

電梯裡的氣氛安靜而凝滯，彷彿在醞釀著一天的忙碌，尹善群卻絲毫不在意，打破沉寂地說：「如果等下一班電梯，搞不好就遲到了，那多倒楣，大家都是同一棟大樓的嘛，能擠就擠一擠。反正一下就到了。」會計小姐用微笑報以謝意，尹善群心想：「有美女對我笑，今天應該很好運吧！」

蘇永萍　若是 S 型蘇永萍，她會這樣反應

「最右邊的那臺電梯好像比較快……」蘇永萍有點懊惱自己排錯位置了，但是要不要換過去呢？會不會換了，又變成這一臺比較快呢？蘇永萍猶豫不決。

今天部門會議時，應該徵詢副總的意見：

「我把計畫分成幾個步驟，你覺得如何？」

「這件事情的步調是不是可以放慢一點，可以做得更周全。」

「希望每個人都能從中有所學習，所以是不是要把對員工的影響也考慮進去。」

「我想聽聽大家的看法和感受。」

「如果計畫改變，我不太確定。」

中午可以找阿國一起吃飯、聊聊，他最近看起來沒什麼精神，不知道是不是家裡有事？跟女朋友吵架？還是被經理罵了？我可以告訴他：「我真的很喜歡跟你一起工作」，幫他打氣。

很幸運，是眼前這一臺電梯先到，可是竟然有人從旁邊硬擠過來要插隊，蘇永萍不願發生爭吵，便不和他們搶。眼看著電梯快站滿了，如果這一腳踩進去，電梯響起警鳴聲，這豈不是糗大了？還是等下一班吧！沒關係，總會等到的。

陳思穎 若是 C 型陳思穎，她會這樣反應

「一臺電梯可以載重幾公斤……大約多少人……」陳思穎評估了一下，相信自己可以搭上第一班電梯。再算一下時間，這個時間絕對不會遲到，於是氣定神閒地等著。

等一下開月會，陳思穎不打算太早踏進會議室，因為她不知道要和別人聊些什麼，也不想聊。上次就為了一個新聞事件，大家說著說

著竟然就爭論了起來，簡直讓她坐立難安。

關於準備要擬定的財務專案，如果總經理問起了，就提出：

「我想了解整個來龍去脈以及上面的想法。」

「蒐集資訊，分析現在及未來的情勢。」

「規劃好組織、流程，並檢視每一個步驟。」

「可運用的資源和可能的風險、預算要先評估。」

「隨時追蹤掌握，確保正確。」

如預料中的，陳思穎不疾不徐地走進電梯，其他人也陸續塞滿了空間，漸漸地已經挪不出位置了，但還是有人硬要嘗試看看。

陳思穎不喜歡和陌生人這麼貼近，更討厭這種不守規矩的人，於是她默默地數一數人數，然後義正辭嚴地說：「已經超載了，請後面擠進來的人搭別臺吧。」

雖然電梯尚未發出警鳴聲，那個超載的人也只能不好意思地退出了電梯。陳思穎倒沒有歉意，她心想：「本來就應該這樣啊！為什麼有那麼多的人不遵守規定呢？」

情境
3
不同特質的職場風格與適任工作

忙碌的節奏如戰鼓頻催一般，不約而同地在各家辦公室敲擊了開來：有準備開會的，有忙著講電話的，有專注在電腦上的，有認真看資料的，有找人談事的，也有急步穿梭的⋯⋯

在一片備戰狀態當中，卻有人臨時要來調閱一份緊急的文件，他（她）們四個人又會出現什麼樣的反應呢？

看看 D 型的丁勝強

丁勝強大踏步地走進公司，他就先打個電話給祕書，口氣堅定、彷彿下命令地說：「張祕書，總經理來了就告訴我。」

然後他掏出三明治，一邊嘴巴裡咬著，也沒怎麼留意三明治的味道，一邊快速瀏覽著今天報紙的重要消息，腦子裡也沒閒著，一邊跟著快速運轉。

內線電話響起了，是張祕書的通知，但她說：「總經理九點半得外出，是不是要約下午的時間比較充裕？」但是丁勝強哪裡能等到下午。掛掉電話，他立刻往總經理的辦公室走，迎面撞上的是工程部的小李，正急著要一份文件。

丁勝強腳下沒有多做停留，只回頭丟下一句：「肯定在我桌上，你自己找一找！」

看看丁勝強的辦公桌，擺放整齊，除了櫃子上面擺的優勝獎盃外，沒有多餘的東西，就和他的腦袋一樣清晰。他總是抓準目標就勇往直前，不能忍受拖延。而他通常也只是盯著目標，不太理會旁枝末節。他不太會花心思去佈置他的辦公室，一切以實用為主。他不用靠貼標語來激勵自己，他知道自己要什麼！即使他已經連續三年得到冠軍，他的目標可能還是想拿到每一年的冠軍。

「只要去做，堅持到最後！」就是他的座右銘。

◆ D 型的理想環境

- 無拘無束且不拘小節　　・創新、前衛，可自由表達想法和意見
- 有挑戰性，不要一直重複　　・直接、不囉嗦
- 對低效率和優柔寡斷感到厭煩

◆ D 型的職場特質

- 沒興趣從事一成不變的工作　　・沒有耐性循著僵硬的管道升遷
- 樂於挑戰的開創者　　・不安於室的企業家，喜歡開創新市場
- 追逐更大的權力、更高的位置
- 不喜歡當幕僚，希望可以掌控全局
- 不怕壓力，期待工作就像戰場一樣充滿挑戰

◆ D 型適合從事的工作

政治人物，民意代表，律師，高階主管，老闆，個人工作室，有權有實的領導人，業務代表，業務主管，創業家，職業軍人，傳銷商，運動員，發明家……。

看看 I 型的尹善群

尹善群腳步輕鬆地走進公司，他和碰見的每一個人打招呼，甚至會停下來聊幾句。到了部門裡，乾脆大聲地向大家說：「喔嗨唷～」（日

語的早安之意），於是方圓五公尺內的辦公室人員都跟著精神一振，多了一分生氣。

放下公事包，他就信步往劉祕書那裡踱去，秀出他最新型的平板電腦，裡面有著所有朋友的通訊錄，惹得劉祕書對他趕上潮流的速度欽佩不已，也因為他，讓劉祕書常能知道許多流行的資訊。當然，他的幽默感總是能逗得劉祕書開心，所以他們一直保持著不錯的交情。

尹善群倒是沒有忘記說：「如果總經理到了，拜託一定要第一個通知我，我迫不急待地要把這個創意和他分享！」然後又說了兩個笑話才回座位。

財務部的李小姐正好來找他要一份文件。

尹善群有點尷尬，因為他根本想不起來那份文件在哪裡，只好笑著說：「不好意思，我現在很忙，不過給我幾分鐘，待會兒就找給你。」

因為昨天有個重要客戶來訪，尹善群才快速地整理過桌面，不過其實也只是把東西全部塞進抽屜罷了，現在還得一樣一樣的翻出來。

他的辦公室常放一些和工作無關的東西，例如：照片、紀念品、甚至一些精美的裝飾品。他擅長營造出一種愉悅的工作環境，他會主動去關心每一個人的心情，會找大家一起用餐，即使你還在忙，他也會主動問你要不要幫你帶便當回來。

他總是說：「不要緊張，輕鬆一點。」

◆ I 型的理想環境

- 有時在高爾夫球場、酒吧或咖啡廳的表現最好　• 感覺受到關切
- 有社交氣氛、有互動　　　　• 得到受重視的感覺
- 直接叫名字，會讓他們更高興　• 有人一起共事

◆ I 型的職場特質

- 希望有舞臺、掌聲　• 與人互動接觸　• 能發揮口語表達能力
- 工作氣氛愉快　　　• 輕鬆的工作環境　• 不喜歡官僚的程序
- 重視員工的休閒規劃　• 允許一些天馬行空的想法

◆ I 型適合從事的工作

教育訓練，演藝人員，大眾傳播，新聞媒體，設計師，廣告，創意，媒體 AE，業務員，電話行銷，客戶服務，節目製作，公共關係，娛樂事業，行銷企畫，櫃臺接待，旅遊事業，電視購物……。

看看 S 型的蘇永萍

　　蘇永萍出電梯時按住開關，禮貌地讓別人先走，並用微笑和同事打過招呼後，慢慢地走向自己的位置。她知道坐隔壁的阿 Ken 一人隻身在外工作，有時加夜班，早上起得晚，經常來不及吃早餐，心想他今天恐怕又是餓肚子來了！

蘇永萍給自己買了杯咖啡，雖然是上班日，她也喜歡營造出那種有點悠閒又帶點溫馨的感覺。攤開記事簿，看看今天和未來一週預定的工作有哪些？需不需要再做調整？九點半部門會議時要發言的事項也得稍微記一下，免得到時忘了，蘇永萍總是喜歡從容不迫的工作步調。看看時間已到，蘇永萍準備好東西走向會議室，正巧碰上行銷部的孫哥來借一份資料，因為他的那份臨時找不到了。

蘇永萍看得出他有點著急，雖然自己也有點抽不出時間，但仍然好心地問：「要不要我去 copy 一份給你？」然後轉頭就回去拿，只見她熟悉地走向檔案櫃，拉開中間的那一層，裡面的資料都被按照順序歸檔起來，所以蘇永萍很順利就找到了孫哥要的那份資料。在把文件遞給孫哥的同時，還給他一個「找到了，不用擔心」的笑容。

走到蘇永萍的辦公桌，仔細看會發現，除了辦公所需要的用品之外，還有一張全家福及剛滿周歲姪女的照片、她從國外帶回來的可愛紀念品和一盆小花，牆上貼著耶誕節時朋友寄來的卡片，以及去年獲得公司表揚時的團體合照，讓這個有限的空間顯得豐富又親切。

「讓我們一起努力吧！」就是她一向給人的溫暖。

◆ S 型的理想環境

- 注重保障且為人正直
- 建立長期的親密友誼關係
- 穩定且可預測的環境
- 需要改變時，希望事先被告知
- 要他們改變之前，先給他們重新思考的時間和空間

- 不喜歡在毫無前例的情況下行動

◆ S 型的職場特質

- 有非常高的穩健度，能穩定地執行工作
- 具有高度支持團隊的能力，是團隊中非常好的擁護者
- 喜歡在工作中接觸人，只是在作風上比較保守、被動
- 不習慣有強烈的理想，甚至成就、目標，但會務實地盡心盡力，一步步達成部門或組織的目標
- 不喜歡管人，不喜歡有壓力，也不喜歡給人壓力
- 可參與行政參謀的作業
- 有隨遇而安的傾向，並且能長期持續地做一成不變的工作
- 喜歡做計畫，但也會拖延，喜歡享受在計畫之下的安全感

◆ S 型適合從事的工作

老師，輔導員，社工，櫃臺接待，特別助理，顧問，行政人員，祕書，心理諮商，總務，幼教人員，非營利事業組織人員，宗教推廣，護理人員……。

看看 C 型的陳思穎

一如往常，陳思穎比上班時間提早十五分鐘到達，她面無表情、

慢條斯理地走出電梯，低著頭逕自走向座位，把包包放在她一向放置的右邊靠牆最下面的抽屜裡，再把昨天帶回家看的資料歸入桌上第二個檔案架，那些都是尚未結案的資料。接著，如例行公事一般，她先把杯子清洗乾淨，桌子擦乾淨，接著泡上一杯清茶，然後靜靜地吃著早餐。在喧囂開始沸騰之前，她喜歡這段靜謐的時光。

當辦公室漸漸熱鬧起來，她按照版面順序收拾好報紙，也開始自己的工作。同事提醒要前往會議室移動，準備開月會，陳思穎嘴上說：「好，知道了，我馬上就過去。」但她心裡早有打算，今天只要提早兩分鐘進去就行。她想把開會可能會討論的事項再 review 一遍，企畫部的高專卻在此時來調閱一份文件。

雖然有點感覺被打擾了，但找資料可難不倒陳思穎，她指了指桌邊那疊資料說：「在那疊資料中的倒數第三份」，即使資料繁瑣，但陳思穎知道每一項文件的位置。果然很快就找到了，陳思穎小心地抽出，在高專道謝離開後，還不忘在記事本上註記下檔案借出的對象及日期。

陳思穎就是這樣細心，她的辦公桌就和她的人一樣有條有理，即使偶爾亂，她也能很快就找到東西。抽屜裡的各種小文具都被妥善地安置，回收背面可再使用的紙張也被疊放在固定的位置，牆上有一幅她喜歡的小畫，還有幾則最近剪下的與工作有關的簡報，以及幾個可能會使用到的工作表格，整體看起來仍然是井然有序的。

「清楚的規定，合理的流程」會讓她很有安全感。

◆ C 型的理想環境

- 例行且重複的工作
- 偏好個人辦公室與工作場所
- 毋須負責複雜的人際關係

- 接受權威，害怕犯錯
- 能發揮獨立思考能力
- 不需應付衝突情況

◆ C 型的職場特質

- 要求高品質，追求完美，不斷改善
- 重視規畫、順序、流程及制度
- 喜歡謹慎地思考後才做出行動
- 善於修正別人的論點
- 注重事實的正確性及數據的完整
- 有能力處理繁複的書面資訊
- 可以獨立作業，在實驗室、研究室、圖書館裡可能會有他的蹤跡

◆ C 型適合從事的工作

　　深入研究，繼續深造，念碩士班、博士班，藝術家，作家，導演，程式設計師，投資理財人員，管理顧問，編輯，經營企畫專員，土地開發，法務，稽核，成本控制，會計，精算師，銀行員，證券分析師，科技公司品管，製程、研發人員，製造業裡面對機器、零件、生產流程的工安人員，醫生……。

情境 4

D 型部屬所需之領導與激勵技巧

丁勝強有一個計畫，他總是有源源不絕的想法。這個計畫，他自認為極具新意也很有獲利點，因此準備向總經理提報。

總經理正在 check 今天的行程，看到丁勝強進來，示意他在辦公桌前的座位坐下來，然後看了一眼手錶說：「張祕書應該有告訴你，我十點鐘有個會議吧。」

丁勝強也直截了當地說：「這個計畫案正切中現在這個時機，我想趕快進行。」

　　總經理回道：「這樣嗎？那好，給你二十分鐘的時間。」

　　總經理的口氣有點興趣，但臉上的表情卻感覺不是那麼地熱衷。於是丁勝強簡明扼要、語氣堅定地把他的構想陳述了一遍，並且一再強力保證這個計畫的可行性與急迫性。

　　總經理一邊注意時間，一邊讓丁勝強盡情地說明，中途沒有插話，也不太有眼神的接觸，只在最後提出了有關風險與預算的問題，表示他的確有在聽，只是不像丁勝強所需求的那般積極。

　　二十分鐘到了，總經理要丁勝強把這些構想寫成企畫案，詳列計畫執行的流程，以及一些可能發生問題的應變措施，他必須仔細地思考、評估後才能做決定，但是目前他還有幾件事要處理，所以也沒辦法那麼快。不過，如果丁勝強把企畫案寫好了，還是可以再向他報告，只是要記得先跟祕書約時間。

 丁勝強心裡的獨白

　　「這個構想太精彩了，只要一出擊，保證能把我們的競爭對手打得落花流水，還能增加營收，這麼棒的事情應該立刻著手進行，為什麼還要考慮？

　　我已經看準了，現在正是我們和競爭對手拉開距離的時機，再拖拖拉拉就要喪失良機了。

　　如果會有問題，等問題發生再調整都來得及。如果要等作好詳細

的計畫再來實行,那根本就是浪費時間。

總經理到底懂不懂啊?他手邊要處理的事情有比這個更重要嗎?

每次都要評估、評估、再評估,等他評估完早就沒戲唱了,真搞不懂他到底在想些什麼?不管了,就讓我的部門先照著去 run 再說。比我還沒有魄力,到底誰是總經理啊?」

丁勝強 的主管須了解的 D 型人性格特質

☆對人較不關心　　☆凡事要求結果　　☆喜歡改變,朝令夕改

☆講道理,重事實　　☆不喜歡被利用　　☆給人有壓迫感

☆好勝,有自信心　　☆很重視面子　　☆沒有耐心

☆有自己的想法,非常想成功

◆適合 D 型的政策布達

一項新政策即將實施,該如何讓丁勝強接受?

直接破題。這是新的政策、這是實施新政策的原因、這個新政策可能產生的效果是⋯⋯讓我們一起來迎接這新的挑戰。

丁勝強是不怕挑戰的,只要向他說清楚問題所在及執行的方向,不必為政策做太多的解釋,更不必對他說明政策對團體的影響。但可以強調:他在這項政策的執行中,可以掌控的是自己能力表現的部分。給他一個明確的目標,他會盡可能地發揮他的本事。

◆適合 D 型的讚賞

對於士氣低落的丁勝強，該如何給予鼓勵？

讚賞他的成就。在他一路走來的職涯當中，找出他的功績，尤其可以對他的魄力、效率及生產力表示肯定。因為他的貢獻讓公司及全體員工都能獲得利益，這點也值得感謝。而像他這樣的員工，絕對能受到老闆認同及歡迎的。

◆適合 D 型的關懷

對於心事重重的丁勝強，該如何表示關懷？

從事實切入。談談他所關心的事，尤其是和工作有關的，但必須是具體而非抽象的感覺，從這裡面去找出問題所在。

丁勝強是個行動派，他不會只是說說就算了，可以問問他心中想如何解決問題，讓他直接建議該怎麼做。

◆適合 D 型的指正

發現錯誤時，該如何讓丁勝強改正？

強調公司所要求的績效。指出錯誤所在，但要有事實根據，然後強調公司所要求的績效是什麼，對於以目標為導向且重視個人表現的丁勝強而言，他會自己想辦法去達成這個目標。但別忘了要訂出時間表，讓他回報進行的狀況。

◆適合 D 型的授權

過多的工作量，該如何讓丁勝強來分擔與承擔？

實話直說。讓他知道主管已有負荷上的困難，但是事情真的很重要，所以極需有人來承擔，而且這個人必須具備一定的能力，是一個在情況急迫之下可以實現績效並受到信任的人。雖然責任增加了，但也可藉此凸顯出他的重要性，增強他在公司的地位優勢。

在丁勝強接受之後，只要告訴他一些基本的規範和指導，就可以放手讓他去做。而要他完成工作的最好方法就是不要監督他，但仍然別忘了要他定期回報進度。

◆如何發揮 D 型的才能？

丁勝強注重績效。如果要交辦事項，必須直接、簡短、說重點就好；如果要教他新事物，必須把操作方法簡化為幾個簡單的步驟，剩下的部分可以讓他依著手冊自己去摸索，等他提出問題時再協助。他不喜歡被瑣碎的事煩擾，所以必須幫他找出捷徑，並為他簡化日常的例行事務，這樣他才能更迅速、更有效率地完成工作。

丁勝強注重權力。不論任何計畫，都可以先問問他的意見，他會提出他的想法。當兩方意見相左時，一定要說明自己正嘗試用雙方都能接受的方式來進行工作，希望再花一點時間確認雙方所期待的結果是否一致，再把事情定案，如此一來就不會浪費接下來的時間。提醒他不只是要把事情做快，更要把事情做對。

　　不要被丁勝強的氣勢嚇倒，他可能會把主管當成同事，而不是上司。也不必期待與他發展出熱絡的關係，他是注意工作而不注意要讓人感到溫暖親切的那種人。對他表現熱誠，但不隨便讓步，讓他做自己的事，他就會發揮出驚人的能量。

◆身為丁勝強的主管，可以幫助他

- 在作出結論或決策前，應該更細心、更有耐心點
- 別把榮耀都歸於自己，別忽略別人的貢獻
- 多注意同事的感受，多注意團隊的精神

◆對 D 型的有效激勵

- 以「事」為主。對於事情的「抗壓力」、「結果」、「速度」、「成績」、「效益」、「成本」是他非常重視的核心價值。
- 以「變」為動力。他不喜歡做一成不變的工作，他有強硬、獨立、叛逆的因子在，喜歡具有挑戰性的工作。如果要激勵他，千萬不要讓他有「龍困淺灘」的感覺，更別讓他「慘遭蝦戲」。要讓他有「改變」的權力，讓他很清楚知道自己的權限。
- 對他的肯定要就事論事。表揚他的領導力與決斷力，他不太容易接受別人的批評，除非是他認同的人。
- 讓他執行某項專案。賦予他一些該有的權利，並且放手讓他去做，他是以達成目標為樂趣的人。

- 他喜歡活在掌聲當中。他喜歡表揚大會，給他名車或是象徵身分地位的禮物，任何可以增加名望的事物都是適宜的選擇。當然，名錶、名筆、名畫、骨董等也不錯。

- 他有自大的傾向。在肯定他的個人成就之餘，也不要忘了團隊的貢獻。

- 他很有使命感。他不怕困難，如果可以點燃他心中的動力與熱情，也是一種激勵。

- 給他一個獨立的空間。有隔間的辦公位置，一位助理，配一部車，租個車位給他，對他來說都是有效的激勵方法。

◆激勵 D 型的有效字句

- 「我發現你設定目標之後，就能勇往直前。」
- 「你自己處理事情的能力真強。」
- 「你只要下定決心之後，就能做好許多事情。」
- 「你一直是個大贏家。」
- 「你很清楚自己要什麼，而且會努力完成目標。」
- 「我真欽佩你的勇氣。」
- 「我喜歡你總是誠實地把感覺說出來。」
- 「你可以很快面對問題，並找出解決方法。」
- 「我相信你的能力。」

情境 5

Ｉ型部屬所需之領導與激勵技巧

尹善群興沖沖地要將自己打聽到的新市場八卦和總經理報告，因為他因此發想了一個很新的行銷創意，直覺告訴他，這將可以打響品牌的知名度，甚至擴大市場占有率。

當他走近總經理辦公室時，已經可以隱約聽到總經理提高嗓門對著一位主管訓斥：「這是昨天之前就應該讓我看到的東西，我要的是效率、效率，你的效率這麼差，要怎麼辦事？……」

尹善群有點同情那位沮喪著臉走出辦公室的主管，他說：「新老闆今天心情不好喔，只是遲了一天嘛，有什麼大不了的，不過，讓他念念就算了。我現在要進去跟他報告一件好事，相信他的心情一定會馬上好起來的。」尹善群用力地拍拍那主管的肩膀，彷彿與他心有同感，然而臉上卻是掩不住地興奮。

尹善群以輕鬆的口吻作開場，試圖讓剛才的緊張氣氛降溫，但總經理顯然不習慣和部屬聊天，他喜歡直接切入主題。

可惜，尹善群並沒有如預期的獲得總經理的讚賞與肯定。

尹善群有很好的願景，他可以想像那個美好的結果，但對於後續實際的執行細節卻提不出具體的計畫：「我們可以先採取行動，有問題等以後再慢慢解決。」

然而問題是「誰來解決」？

總經理是從美國被特別延聘回來的，有著美式的管理風格，他甚至會毫不客氣地說：「你沒有辦法帶領團隊突破難關，我覺得你並不適合這個職務……」

是的，剛剛火爆的氣氛是降溫了，而尹善群原本的興奮心情也降溫了。

尹善群心裡的獨白

「這絕對是一個很有意思的活動，可以讓全公司都 High 起來，難

道他不覺得很棒嗎？

　　可以把品牌打響，可以讓公司的知名度提高，員工亮出名片也很有面子。更可以擴大市場占有率、可以提升業績利潤，有這麼多好處，為什麼他只想到困難的地方呢？

　　新總經理搞不清楚我為公司開發了多少人脈，上次那個讓公司賺大錢的異業合作計畫，就是我居間拉的線，現在連他們的大老闆和業務經理都變成我的好朋友啦！

　　如果公司老是死氣沉沉，怎麼做業績？做業績就是要衝、衝、衝！想辦法讓氣氛活絡起來。

　　我這樣為公司打拼，還說我不適任，我看他才不適任當我的總經理吧。」

尹善群 的主管須了解的 I 型人性格特質

☆樂觀　　　　　☆情緒化，形於色　　　☆期待得到大家的認同

☆重視人與人的感覺　　　　　　　　　☆喜歡群眾，不怕陌生人

☆口才好　　　　☆喜歡新鮮的東西　　　☆重視分享，樂於助人

☆喜歡美食　　　☆對人際關係敏感

◆適合 I 型的政策布達

一項新政策即將實施，該如何讓尹善群接受？

　　強調它的精彩處。如果是一項產品的價格要調漲，可能會使銷售難度提高，但是如果能突破難關，將使尹善群一戰成名，成為 sales 中的佼佼者。這是一個絕佳的出頭機會，還能獲得種種的獎賞，能使他在公司的地位及重要性大大提高，這是無比的榮耀與成就。

　　能成為眾人注目的焦點，是千載難逢的機會，對尹善群來說會是極大的激勵。告訴他這個計畫還有誰一起參與，讓他不會覺得孤立無援。

◆適合 I 型的讚賞

　　對於士氣低落的尹善群，該如何給予鼓勵？

　　佩服他的創意。對於他的創造力及突破窠臼的主意，給予肯定。他總是能為大家帶來歡樂與驚喜，他的幽默感使他對人有天生的魅力與吸引力，當然也充滿了說服力。告訴他，因為他的真誠與和善，大家都非常喜歡他。讚賞他和別人有不同的觀點與品味，與他一起回憶曾有過的輝煌時光。

◆適合 I 型的關懷

　　對於心事重重的尹善群，該如何表示關懷？

　　給他一些時間。他可能還不想面對問題、更不想馬上處理，可以先和他隨便聊聊，並表達支持之意，讓他知道如果想要傾聽別人的意見，在這裡他可以完全信任他人。

他的陳述可能是間接的、輕描淡寫的，要仔細聆聽，注意他的感覺，在他東拼西湊的述說過程中，可以問一些問題，幫助他找到問題的真正核心。可以拍拍他的肩膀，幫他倒一杯咖啡，或是一張關心的紙條，都會讓他備感溫馨。

◆適合 I 型的指正

發現錯誤時，該如何讓尹善群改正？

I 是一個開放的溝通者，所以別模稜兩可。可以確實地指出問題所在，並給予明確的改進方法，不要有兩種以上的方案，並要確認尹善群收到的指示就是你所傳達的訊息，避免過程中產生溝通的錯誤。

告訴他，這項錯誤已經危及到部門的業績與聲譽，上層正在密切關注，接下來就看如何應變了。同時強調，這是緊急事件，必須做優先處理。

別在眾人的面前指責他，面子要幫他顧好，試著讓他了解別人的感覺。

◆適合 I 型的授權

過多的工作量，該如何讓尹善群來分擔與承擔？

強調這會贏得注意。因為他有著開朗的個性與良好的人際關係，才為他贏得參與更多的部門工作，讓他有更多表現的機會。尹善群不一定要實質的報酬，但他需要掌聲與注目，如果這件事可以讓別人對

他印象深刻,或是有新鮮感,能認識許多知名人士,就能引起他的興趣。

　　然而授權者要清楚掌握工作的內容及執行的方式,以便定期追蹤尹善群的工作進度,避免尹善群又被別的新事物分散了注意力。

◆如何發揮 I 型的才能?

　　尹善群常常說風是雨,是一個靠感覺決定事情的人,在還沒準備好時,就想往前跑,所以要適時地拉他一把。尹善群可以接受被監控,但要有點技巧,否則就會落入細節而變得綁手綁腳,一旦過程顯得繁瑣,尹善群就會失去對工作的熱情,然而熱情正是點燃他創意的火種,所以要技巧性地提醒,讓他保持對工作的參與感,並隨時來個鼓勵,那麼他就會回報以源源不絕的主意。

　　尹善群喜歡與人交談,可以從交換意見中來了解他並給予支持,他會有許許多多的夢想,一些漂亮的觀念會比事實更能激勵他,但他極具爆點的想像力需要有人幫他轉換成實際的行動力。尹善群最需要的是:幫他排好事情的優先順序,如果同時有太多的事項,他就會亂了頭緒而失去方向。如果能幫他理出輕重緩急,他就比較能從容以赴。

　　在他發生錯誤時,要顧及他的面子;在他表現優良時,要不吝於給他讚美,這樣就能促進他的工作效率,也能維持他的工作士氣。

◆**身為尹善群的主管，可以幫助他**

• 對工作有始有終，不會半途而廢

• 確認最後期限，監督他在截止日前完成工作

• 記錄勝於記憶，要求他用記事本記下工作事項

◆**對 I 型的有效激勵**

• 他喜歡接觸人群。他不喜歡孤立的工作，所以讓他以團隊的方式工作，對他來說是非常重要的激勵。

• 他喜歡快樂的氣氛。他喜歡 Team work。但是如果團隊氣氛不佳，感覺不真誠，他也可能從 Team 裡離開，因此要讓他隨時感覺到自己在團隊中是被需要的。

• 他會主動拓展、開發人脈。如果讓他負責一些聯絡事項、公關的活動，會是不錯的方式。但如果是例行性的行政瑣事，他反而會一個頭兩個大。

• 給他的獎勵必須公開。因為他會非常慎重地看待這種活動，他會去訂製一套禮服，希望給大家驚豔的感覺。

• 他喜歡慶功宴、表揚大會。在這種場合他能夠感覺到被大家肯定和認同，如果要贈禮，例如：五星級飯店住宿券、知名餐廳的餐券、夏威夷海外七日遊、日本泡湯、名牌服飾禮券等，千萬別吝嗇地只送一份，絕對要兩人同行。

• 他希望得到大家的重視。只要感覺受到關切，他就能獲得激勵，

直接叫出他的名字，會讓他更高興。

- 他很重視品牌。包括廠牌的知名度，以及使用者的知名度。如果送他禮物時，順帶告訴他有哪一個名人也在使用，會讓他感覺分外高興。

- 他喜歡大家都快樂。在他面前表現得輕鬆些、友善些，多一些爽朗的笑容，他也會受到激勵。

◆激勵 I 型的有效字句

- 「我喜歡你熱愛生命的態度。」
- 「我相信你一定可以清楚表達你的想法、意見或點子。」
- 「我好欣賞你對許多東西的品味。」
- 「你真是完全參與每一件事。」
- 「你很快就能跟大家打成一片。」
- 「你真是很會激勵別人。」
- 「你喜歡每個人，也希望大家都喜歡你。」
- 「你有好多創意、新點子。」
- 「你會主動觀察每一個人的感覺。」

情境
6

S 型部屬所需之領導與激勵技巧

　　蘇永萍對最近的一項人事合併案有些傷腦筋，雖然都是共事多年的同事，但卻因為經濟不景氣而必須要裁員，實在不忍心，她希望上面能夠再重新考量這個決策。

　　記得公司在迅速擴展事業版圖時，也曾經進行過一次企業併購，當時對於雙方人事的重新布局，蘇永萍也曾在心裡默默為同事抱過不平，對於組織的重大變動、團隊默契的重新建立，這些都讓蘇永萍感到壓力與不安。

　　她曾試圖為同事們發聲：「這個合併案的人資政策關係到大家的權益，一定要先讓大家有充分的心理準備，看看大家的感受和反應如何，在取得大家的共識，並確定大家都支持之後，再付諸執行，這會是比較穩當的做法，畢竟團體的和諧才是企業的長久大計。」

　　但是董事長可不信什麼「意見一致」的那一套，因為他最相信就是自己，他可以辯才無礙地說服董事會，卻不想浪費時間在取得同事的共識上。所謂的團隊努力，就是大家照著他的意思一起努力。

　　那次的併購的確掀起了一陣風波，蘇永萍每天都忙著調解同事間的衝突，忙著安撫同事的不滿，還得隨時傾聽同事的抱怨與低落心情，就這樣餘波盪漾了好一陣子，好不容易漸漸平息下來。

　　想不到，現在又要來一次裁員的風暴，蘇永萍又要失眠了。

蘇永萍心裡的獨白

　　「雖然說是為了五斗米，但每一個人畢竟都為公司盡心奉獻過，公司的一切，沒有誰的努力是可以被抹煞的。

　　大家當同事這麼久了，難道沒有一點感情嗎？

　　即使經濟不景氣，如果公司拿出誠意，誠心地和員工們溝通，相信員工都能共體時艱。也許腦力激盪一下，可以想到別的變通辦法，何必一定要走到裁員這一步呢？

　　董事長真的只想到公司要活下去，卻沒有想到員工也要活下去嗎？

唉！重點是，這件事要我去規畫和宣布，我怎麼下得了手？怎麼開得了口？

我看要裁掉別人之前，乾脆先裁掉我自己算了！」

蘇永萍 的主管須了解的 **S** 型人性格特質

☆情緒穩定，EQ 高　☆忠誠度高　　　　　　☆喜歡按部就班

☆支持團隊　　　　☆熱愛長期的工作關係　☆有耐心且和善

☆良好的傾聽者　　☆謙虛，不會要求，不善表達

☆渴望得到更多的保障　　　☆希望不要改變

◆適合 S 型的政策布達

一項新政策即將實施，該如何讓蘇永萍接受？

特別和她說明維持不變的部分。蘇永萍喜歡穩定，對於任何變動她都會先產生抗拒的心理，此時可別忽略了她的這種感受。可以對她強調公司服務客戶的立場及管理的結構並沒有改變，對蘇永萍本身的工作也不會有太大的影響。

同時，蘇永萍很重視團體和諧，要溫和地告訴她，新政策對大部分團隊的利益並不會有太大的衝擊，如果有影響，就長期而言也應該是良善的影響。並答應她在新政策實施一段時間之後，會就實行的狀況進行檢討，如果有負面的情形，主管願意和大家共同面對問題，一起來想辦法解決。

以長遠的觀點來讓蘇永萍接受眼前的變動，並與她站在同一陣線上以表支援，這樣會讓她安心許多。同時告訴她，這個政策需要她的協助，因為她是一個值得信賴的人。

◆適合 S 型的讚賞

對於士氣低落的蘇永萍，該如何給予鼓勵？

感謝她一直以來的合作。蘇永萍是團隊裡最好的工作夥伴，她總是讓辦公室裡的氣氛保持和諧，充滿友善與溫暖，這一點就值得大大的讚賞。她會付出關心，但不會說長道短，更不會亂傳八卦，這也是她與人相處時最被信賴的地方。

蘇永萍雖不會有一鳴驚人的神來之筆，但她穩健的表現一樣能顯現出她的優異，不論工作上或管理上，她總是很少出狀況，是公司經營不可或缺的一股穩定的力量。

撇開主管與部屬的關係，蘇永萍可以是在工作以外發展出朋友情誼的好夥伴。

◆適合 S 型的關懷

對於心事重重的蘇永萍，該如何表達關懷？

營造一個沒有壓力感的氛圍。可以表達你真正的關心，並且是關心她的人，而非只是她的工作。要有多一點的耐心，利用一些溫和、不那麼直接的問話，慢慢地引導她說出事情，同時要仔細地聆聽，才

能聽出她內心層面的問題。

找到問題，幫助她一起解決問題。

◆適合 S 型的指正

發現錯誤時，該如何讓蘇永萍改正？

從同理心下手。告訴她這項錯誤所帶給別人的感受，可能是錯愕、是困惑、是麻煩、是不被尊重，如果對方是客戶，那除了讓客戶不開心之外，更會減損公司的信譽與形象。

蘇永萍對人的感覺向來敏感，這些與對方感同身受的思維很能引起她的共鳴，而對於因為自己的疏失對公司造成的傷害，更會讓蘇永萍刻不容緩地要改正自己的錯誤。

當然，不能把這些錯誤歸咎於她的個性，否則會讓她原本已經小心翼翼的一點自信，更加地被徹底打擊，反而於事無補。所以在指正之後，別忘了再給她一些正面的鼓勵。

◆適合 S 型的授權

過多的工作量，該如何讓蘇永萍來分擔與承擔？

可以真誠地期盼她的協助。誠懇地告訴她，真的很需要她的幫忙來度過這個難關，如果已共事多年，那會是個更棒的切入點，並且要強調不會忘記她相助救火的情誼，以及這件事情的重要性，如果有可能，一定會給她晉升或獲得報償的機會。

蘇永萍的同情心會是最好的助力，在亟需她伸出援手的時候，相信她是不會袖手旁觀的。

接著就可以直接告訴她工作的內容與完成的日期，當然，最好能盡快幫她建立起工作上的例行程序，她就能以她擅長的穩健步調來展開新工作了。

必須多和她談進行的步驟，她必須要知道明確的步驟，才會有持續的行動力。

◆如何發揮 S 型的才能？

蘇永萍是一個和善有耐心的人，如果要作為她的指導者，也必須是一個和善有耐心的人，在她接受訓練的每一個過程當中，要隨時接受她的諮詢，並提供有轉圜時間的協助，千萬不能操之過急，也最好不要跳過任何一個步驟。她不喜歡咄咄逼人的行事作風，過多的變動會讓她沒有安全感。

在正式上線前，要給她充分的時間準備，例如：先觀察別人的狀況、先熟悉整個大環境等等。等她有點信心了，再放手讓她獨立作業。

對於蘇永萍的優良表現要給她讚賞，但這讚賞必須是低調的，因為蘇永萍和尹善群不一樣，她對於成為大家的注目焦點這件事，會感到渾身不對勁，但如果是私底下或在小眾中對她表示真誠的感謝，對她來說會是莫大的光榮。毋須用太多的甜言蜜語，過多了只會讓她心想：「我真的有那麼好嗎？」

　　蘇永萍是很棒的配合者，但她也會有自己的想法，而且有時是很棒的想法，但她卻時常會對於要不要說出來感到猶豫，除了沒有自信之外，原因還有她不想成為全場的焦點，更不想和別人的意見相左。這時就需要給她一點動力，或者直接點名，讓她不只是聽，還有表達意見的機會。

　　在開啟對話後，蘇永萍還是需要由別人主導對話的進行，此時的引導者最好一件一件的來，讓蘇永萍能夠針對每件事情作清楚的陳述，並能循序漸進地對事情進行了解，最後再把工作一件一件的分配好。

　　在辦公室裡大家都喜歡蘇永萍，作為她的同事，總是能感到輕鬆自在。如果要幫助她，就是要適時把她從固守的城池裡拉出來，換一套合乎時宜的方法做事，或是找到一個更合乎效率的做事捷徑。

◆**身為蘇永萍的主管，可以幫助她**

- 給她機會主導事情的方向，別總是言聽計從
- 在公開場合，試著接受別人的讚揚
- 在安全的範圍內嘗試新的改變，從小地方做起，再慢慢擴展新的格局
- 多聽聽她的看法，因為她的意見最中立、最客觀、最為大局考量

◆**對 S 型的有效激勵**

她重視的是「安全感」與「保證」。要她站在眾人的前頭，對她

來說是有壓力的。如果她不想晉升，給她公司的「股票」、「紅利」或是認股的權利，無疑是不錯的選擇。

她很重視家庭。因此對她家人的關懷是十分重要的，例如：讓她可以早點回家吃飯；關心她家人的健康、孩子的功課等；強調她有個幸福美滿的家庭，肯定她的另一半很幸福，她會覺得很受用。激勵不只要考慮她，同時要兼顧到她的家人，並肯定她對家人的責任感。

她做事有自己的步調。不要太緊逼她，或者對時間的要求太急迫，有時放她半天假，對她會是很大的激勵。

她很有耐心與毅力。讚賞她的這一點，感謝她的無私與支持團隊的精神，可以送她全家人都可用的東西。

◆激勵 S 型的有效字句

• 「事情維持現狀時，你似乎還是甘之如飴。」
• 「只要是行得通，你都會堅持下去。」
• 「你會花時間把事情做好。」
• 「有你在旁邊總會感到自在愉快。」
• 「你似乎重視和每個人的關係。」
• 「你真是個好的傾聽者，有你在我就感覺到受重視。」
• 「你真是個有同情心的人。」
• 「你總是有始有終。」

C 型部屬所需之領導與激勵技巧

陳思穎正在撰寫一份專案的財務計畫報告,她的桌上堆著許多相關資料,每一份她都研讀過,同時也不放過在電腦上查詢更多的資訊,以便使報告更能面面俱到。

其實有些報表可以交代給部屬完成就好,但她還是喜歡自己來。

陳思穎是公司不可或缺的重要幕僚,因為她心思縝密,尤其在財務運作上總是正確無誤,她嚴謹與精準的分析,可以為公司的財庫嚴格把關,所以深受長官的信賴。

但有時她過於重視邏輯與細節的作風，會讓整體步調太過緩慢，甚至停滯不前。所以企畫部門常覺得陳思穎太沒有想像力，而業務部門則覺得陳思穎太沒有行動力。

重點是這次的專案，陳思穎又與急驚風老闆顯得格格不入了。老闆正比手畫腳地講著電話，他揮揮手要陳思穎坐過來，而陳思穎刻意選了他對面的座椅坐下來，以保持適當的距離。

掛斷電話，老闆又口沫橫飛地對陳思穎講述剛才的談話內容，原來他又想到一個新 idea 了，而那個 idea 和今天他要找陳思穎談的事情一點關係都沒有。陳思穎有點不耐煩，卻又不得不按捺住性子，誰叫他才是老闆呢！看來這餐飯恐怕要吃兩個鐘頭才吃得完了。

陳思穎心裡的獨白

「為什麼他們老是要冒一些無謂的風險？

為什麼他們老是這麼不切實際？

我都已經看出問題了，為什麼他們就是不聽我的勸告呢？

我們應該找更多的資料來評估，等全盤了解狀況後再採取行動。

如果貿然行動會承受太大的風險，那還不如喪失這個機會。

說我沒有想像力，想像力能當飯吃嗎？

說我沒有行動力，莽莽撞撞的能成得了事嗎？

說我只會看報表，沒有這些精確統計，公司虧損了還不知道呢。

說我過於謹慎，難道他們不知道小心駛得萬年船嗎？

說我讓公司停滯不前，我看我才會被他們拖垮呢！」

陳思穎 的主管須了解的 C 型人性格特質

☆重流程、重分析　☆強調程序的重要　☆不喜歡被批評

☆有完美主義傾向　☆對人際較不熱衷　☆有時對自己想法較固執

☆凡事都高標準並講求細節　　　　☆自制，幾乎無情緒反應

☆盡忠職守，講分寸　☆進退較被動，謹慎

◆適合 C 型的政策布達

一項新政策即將實施，該如何讓陳思穎接受？

那就是清楚交代事情的來龍去脈。陳思穎和蘇永萍一樣，不喜歡事情在決定後又有變動，但如果非不得已，她會想一五一十地了解事情發生的原因，以及制定新政策背後的邏輯。所以最好是鉅細靡遺、條理分明地把事情解釋給她聽。

既然事實已是如此，也只能針對事實處理，可以請陳思穎條列出可向消費者說明的新政策關鍵利益，以爭取優勢；或者請陳思穎設想種種可能會發生的狀況，並研擬後續的因應對策及程序，這應是陳思穎所擅長的工作。如果能夠提供她一份新舊政策或與對手比較的策略分析報告，對她更有助益。當然，所有的資訊最好都有書面資料作為參考，而公司的支援保證也會是陳思穎的強心劑。

◆適合 C 型的讚賞

對於士氣低落的陳思穎,該如何給予鼓勵?

讚賞她的工作品質。她的精準及細心有時實在令人驚訝,而她井井有條及系統化的處事風格,也的確幫助了公司在經營上能夠走得更順暢。她為追求完美而對工作堅持到底的精神的確令人佩服;而她一向謹慎的態度,也總能讓人對她的工作精準度感到信任。

◆適合 C 型的關懷

對於心事重重的陳思穎,該如何表達關懷?

告訴陳思穎這是經過思考才決定問她的問題:她是不是有什麼困擾?以問題來啟動她的思維,讓她盡量陳述,才能知道到底發生了什麼事。

有時陳思穎的問題是長期而深遠的,因此若要幫助她解開心結,需要一點時間來慢慢地抽絲剝繭。最好是單一面對面地談,如果可能,可以是定期、定時的會面,總之找到她感到自在的方式,安慰她「問題不會只有她一個人在扛」,讓她能夠敞開心防,把真正的問題攤開來討論。

◆適合 C 型的指正

發現錯誤時,該如何讓陳思穎改正?

要說清楚，講明白。明確地指出到底是什麼地方做錯了，規畫好執行除錯的步驟、設定好除錯的期限，之後還必須再召集會議，以確認執行的成效，並 check 是否有需要修正之處。

陳思穎的動作向來不快，也許要改正疏失並非一朝一夕，但必須提醒她趕快找到方法，趕快上路執行。可以使用「問」的方法，與其請她想出改善的方法，不如邀請她一起思考如何把現況調整到更完美。

◆適合 C 型的授權

過多的工作量，該如何讓陳思穎來分擔與承擔？

向她說明工作已超出負荷量的原因。強調要增加她的負擔是不得已的事，但是經過考慮，這件工作如果要找人幫忙，她絕對是最好的選擇，因為相信她一定會把工作做好。

交代工作時，要有耐心地向她說明詳細的情況，她了解得越詳細，就越能掌握住工作。讓她認定這是一次學習與成長的機會，她會更願意接手，但一定要給她期限及數字目標。

◆如何發揮 C 型的才能？

陳思穎是屬於理性思考的人，她不會因為一時興起或聽信旁人鼓吹就遽下決定，她需要時間思考，如果她說：「讓我想一想」時，就別急著催她。

作為她的指導者，肚子裡必須要有真材實料，要隨時接招，迎接

她的問題，不要吹噓、不要模糊不清。對她來說，對答裡的字句都可能暗藏玄機。如果只是半調子，將很難贏得她的尊敬。

在指導她時，要能抓住重點，以合邏輯、有步驟的方式進行。不能一味地向前，要不時停下來問問她的情況。問話時不要太過尖銳、不要語帶批評，那很容易挑起她的敏感神經。

有人說她難搞，但如果能配合她按部就班的習慣，只要讓她在關鍵時刻回報工作進度，她將會是一個能貢獻高工作品質的優質員工。

◆身為陳思穎的主管，可以幫助她

- 鼓勵她與大家分享她的廣博知識及專業素養
- 提醒她，對於不喜歡的人的意見也要加以考慮
- 製造與別人相處的機會，別老是埋首於工作，偶爾也要放鬆自己

◆對 C 型的有效激勵

她不喜歡太直接。她不喜歡表現直接且熱情的人，如果太直接的激勵，會引起她的質疑。

她是解決問題的高手。她蒐集資料的能力很強，解決問題的能力很好，可以讚揚她的推理、分析能力。

她善於獨處。如果要給予有形的鼓勵，可以給她一間個人的辦公室，或者可以區隔出來的空間。當然，為符合她的完美主義傾向，古典音樂、音響組合、有紀念價值的叢書或藝術品，都是不錯的選擇。

她追求品質的卓越。她也被稱為「修正者」，給她一些權力，可以提升品質。

她重視數據。給她的資料要明確的數據化，有百分比、有金額、有去年與今年的成長率，送她一個有數字的區額，她會常去觀看它而真的感受到那份榮耀。

她注重知識。給她一些高科技的產品當獎勵，或者給她取得資訊管道、超強功能的最新手機、平板、數位相機、家庭劇院組合、音響組合等都是很好的選擇。

◆激勵 C 型的有效字句

- 「你做事時都會小心考慮。」
- 「你會專心把事情做好。」
- 「你工作努力，總是會盡力而為。」
- 「你會關心別人的話語感受。」
- 「你似乎總是追求卓越。」
- 「你會花時間把事情做得完美無缺。」
- 「你是一個高標準的人。」
- 「你好像非常了解你要做的事。」

情境
8 　不同特質的銷售方法與服務方式

　　四個懷才不遇的老朋友憋了一肚子悶氣，尹善群回家忍不住向老婆陳思穎吐苦水，陳思穎想找姊妹淘蘇永萍說說話舒口氣，蘇永萍滿懷憂鬱，想找好朋友拿個主意，丁勝強也正想找哥兒們評評理。

　　於是尹善群便自告奮勇充當聯絡人，和大家相約在這個周末聚一聚，地點就在尹善群和陳思穎的家。尹善群決定做個稱職的 Party 主人。

　　善體人意的蘇永萍考慮到，陳思穎夫妻倆提供家裡作為聚會場地已經很麻煩了，所以她願意負責張羅餐點。

　　而陳思穎身為女主人，除了把家裡弄得乾淨整齊，這一餐飯她也不能完全置身於狀況外，她還是希望能對事情有所掌握。

　　至於丁勝強，他也會隨意地帶點什麼，但更重要的是，他腦袋裡已經在醞釀著一個計畫。

　　總之，星期六的早晨，他們分頭進行採買……

D 型顧客的丁勝強

　　要不是多年的老同學情誼，丁勝強並不熱衷於這種私人性質的社交活動，所以除了這幾個死黨外，丁勝強就沒有再跟其他的同學聯絡了。

　　由於能力好，企圖心也強，丁勝強這幾年在職場上打拼出很不錯的成績。但也由於忙著拚經濟，平日裡往來的朋友都屬於商場的關係。因此這次的聚會對丁勝強來說，還真是難得可以放鬆的休閒時光。

　　不過，丁勝強還是不習慣漫無目的地閒聊，事實上，老友相聚不是他的重點，重點是他要藉由這次聚會，對大家宣布他的偉大構想，雖然這構想還不具體，但這計畫和在座的其他三位同學都有關係。

　　在賣場裡，丁勝強不會像蘇永萍那樣事先寫好購物清單，不會像陳思穎那樣精心考慮與計價，也不像尹善群那樣想與銷售員建立交情，他在走道上快速走動著，挑選他認為好的東西，即使別人不見得認為

好，但別人的感覺向來就不在他的考量之內。

　　如果遇到銷售員，銷售員最好能提供完整的說明，並直接切入重點，因為丁勝強不喜歡過多的細節，他討厭太多的廢話。雖然是消費者，但丁勝強仍希望握有主導權，所以如果有多元的選擇，他會享受做最後決定的快感。如果讓他抓到瑕疵，他會直言不諱；如果讓他感到不滿，他會顯得咄咄逼人，甚至要求對方主管出面解決。

　　丁勝強講求速度，所以不太會殺價，殺價對他來說是瑣碎又浪費時間的事情，他會快速地作出決定，算是一個阿莎力的顧客。

D 型客戶的銷售之道

　　面對 D 型客戶時，要跟進 D 的速度，多談有關「what」的議題。

◆記得 D 型人的特質

- 積極，重視成果，視工作為第一要務
- 說話時較嚴肅，會有壓力，咄咄逼人
- 句中是強烈的聲明，而不是詢問

◆面對 D 型客戶的教戰守則

- 給 D 型客戶控制權，讓 D 享受做決定的快感
- D 客戶講求速度，所以不太會殺價，因為 D 靠事實及資訊作決定

- 記得廢話少說，多談「成本可以減少多少」、「收益可以增加多少」、「速度可以增加多少」等話題

- 直接切入重點，不要花時間在技術上的細節，D 客戶要知道這種產品對他有什麼好處，而不是怎麼使用

- D 客戶希望銷售員能有專業知識、行動及形象

- D 客戶希望銷售過程一次搞定，沒有第二次，並且準時交貨

- D 客戶不想與銷售員發展私人情誼

- 多使用選擇方案、表格、數據，不只比較自己公司的產品特色，也比較同行相關的產品

- 如果到 D 客戶的辦公室，多讚賞 D 追求成功、進步、新知的求知欲，例如：書籍、報章雜誌、獎盃、獎狀……

- 若 D 客戶一直拒絕你的拜訪，不要怕，勇敢地向前衝，再接再厲，D 會因此產生「英雄惜英雄」的情感，覺得他應該要幫助你

- 可能會花較多時間才會見到 D 客戶，但是一旦成交，可能都是大案子，因為 D 多是高階主管、老闆一族

- 多觀察 D 客戶會去參加的社團或活動，例如：扶輪社、高爾夫球場、運動休閒俱樂部等，也可與高級名牌轎車的銷售員做策略聯盟

- 不要忘了 D 客戶喜歡創新、喜歡變化，如果有更好的新產品時，不要放棄再次推銷的機會

- D 客戶一旦成交，你可得到他的信任，D 會主動為你介紹客戶

D 型客戶的服務之道

◆記得 D 型客戶的特質

- 直接、獨斷
- 有自信
- 沒有耐心
- 目標明確
- 企圖心強
- 凡事講理
- 不容易接受別人的意見
- 會給人壓迫性的行為
- 自尊心強,避免被利用

◆ D 型客戶的購買重點

- 購買的速度很快
- 凡事重效益、產能與速度和成本
- 喜歡掌握最快的決策權

◆ D 型客戶的消費行為

- 只要有效益就會購買,但不一定自己學著使用,而是讓別人來學
- 表現會過於激進,不但咄咄逼人,可能臉上的表情也不會好看
- 如果被惹怒,可能會立即反應要求解決,不會隱藏在心中。例如:「找你們主管來」、「我要請律師或消基會來處理」
- 在顧客抱怨的固定流程上不願意合作,例如:告知申訴管道、填寫表格時顯得沒有耐心
- 聲音及氣勢往往會給服務人員莫大的壓力

◆ D 型客戶期待的服務

- 更完整的說明，包括解說與證據
- 較快的節奏
- 節省時間，省去不必要的手續
- 能看到立即改善的成果
- 能主導整個過程
- 千萬不要和 D 客戶據理力爭，這是完全吃力不討好的事情
- 道歉與感謝，可以讓彼此更順利
- 在完成服務後，再寄一張由公司最高階層所發的感謝信函

如果丁勝強是銷售員

　　丁勝強自信心十足，連帶的也能把自家產品描繪得讓消費者深具信心。但他不會長篇大論，他會以做簡報的節奏快速說明，並直接說出價格的底線，如果消費者無法快速地做出決定，他很可能就會失去耐性而不想再跟對方耗下去。

　　但如果消費者直接拒絕，他也承受得起，因為丁勝強是極具抗壓性的，如果需要拜訪陌生客戶，他也不會感到太大的壓力。

I 型顧客的尹善群

　　其實尹善群早忘了在公司受到的氣，因為他的情緒總是來得快、

去得也快，在他向老婆抱怨之後，氣就已經消了一大半。

有好友要來，尹善群一早就很興奮，因為老婆喜歡安靜，所以家裡通常不太招待客人。但是尹善群覺得太安靜，也安靜太久了，好不容易可以熱鬧一下，著實令他期待。他在 CD 櫃裡不斷尋找適合的音樂，他覺得氣氛很重要。

在賣場裡，尹善群喜歡尋找新鮮的玩意兒。

當然，他也會留心老婆可能會喜歡或習慣購買的東西，如果看到了，他也會主動地告訴老婆東西在哪裡。

他沒有預先設定要買什麼，就是隨意看看，但總是會買些沒有預期要買的東西。一些漂亮的包裝會吸引他的注意，如果有促銷的活動也會引起他的好奇，如果賣場人員沒有取得他的好感或信任，他是不容易購買的，不過他的好感與信任經常取決於第一印象的直覺。

直覺包括現場的氣氛、銷售人員是否對味、銷售過程是否愉快、產品是否讓他更炫、是否有哪位名人也使用這項產品……

還有，成交手續不能太複雜，因為尹善群討厭瑣碎的事情；成交後的感覺不能太商業化，因為尹善群覺得他是交朋友而不只是買東西。

買完東西後，如果送尹善群一個贈品，他會覺得驚喜，讓他更加深良好的印象。

Ｉ 型客戶的銷售之道

面對 I 型客戶時，要跟進他的情緒，多談「who」的事情，例如：

還有誰在使用這個產品。多用一些形容詞，親切、主動的態度會讓 I
型客戶更快下決定。

◆記得 I 型人的特質

• 喜歡快樂氣氛，常會唱作俱佳地說笑話

• 喜愛人群與有活力、熱鬧的氣氛

• 希望得到朋友和大家的認同

• 愛說話和分享，不過可能沒有太多的重點或主題

• 喜歡新鮮感、刺激

• 喜歡別人發現自己的新衣服、新髮型、新造型、新香水……

◆面對 I 型客戶的教戰守則

• 請注意自己的聲音和肢體動作，不要給 I 客戶沉悶或深不可測的
  感覺

• 強調這種產品或服務一定能讓 I 客戶以及周遭的人都感覺對味

• I 客戶喜歡靠第一印象來做決定，當然有時俊男、美女或流行的
  服飾、打扮常會讓 I 留下深刻的印象

• I 客戶期待銷售過程充滿歡愉或 surprise，可以多一些形容詞，
  尤其是「品味」、「優雅」、「美麗」、「亮麗」、「氣質」、
  「引人注目」等的描述

• 在「燈光好、氣氛佳」的環境更容易促成成交，例如：餐廳、俱

樂部、旅行時、郊遊時、茶藝館、咖啡廳……而不是冷漠、寂靜的會議室

- 成交後是乾淨俐落的，沒有太多複雜的表單，即使有，銷售員也要盡可能幫 I 客戶完成，I 是很容易信任別人的
- 提供感覺上的專業看法，但避免造成與 I 客戶之間的衝突與對立。確定 I 客戶所期待的感覺是什麼？用此來比較。例如：客戶喜歡 A 款式衣服，對 B 款式也不排斥，即可針對這二件衣服提出專業的看法
- 不要心急馬上要賣東西給 I 客戶，你要先得到 I 的認同、友善與信任
- 成交後，可以贈送一些「新」的流行用品或獨特的紀念品
- I 客戶喜歡分享，要常常與他保持聯繫，沒事也該打電話，別讓 I 客戶覺得你很現實
- 多創造一些產品人氣，告訴 I 客戶還有誰擁有這項產品，當然是具知名度的人更好

I 型客戶的服務之道

◆記得 I 型客戶的特質

- 重感覺
- 情緒起伏快
- 效率較不好

- 樂觀主義

- 會在壓力下攻擊

- 天真

- 不喜歡繁瑣的事情

- 口才好，能以社交手腕說服別人

- 喜歡新鮮事物，樂於享受

◆ **I 型客戶的購買重點**

- shopping 高手，往往會克制不了購買的欲望

- 只要感覺對了就會買，不會考慮買的時間與地點

- 喜歡百貨公司熱鬧的氣氛

- 重視產品有沒有知名人物使用

- 很重視產品或服務人員的第一印象

- 對品牌有較高的敏感度

◆ **I 型客戶的消費行為**

- 直腸子，個性很直，不喜歡被人欺騙

- 可能遇到感覺「好」或「不好」時，表達過於熱情或激烈

- 情緒起伏大，非常活在當下

- 選擇性地接收他想要聽的訊息，會自動排除他不想聽的部分

◆ I 型客戶期待的服務

• 得到關注，要重視 I 客戶碰到的狀況，千萬不要對 I 不理不睬

• 如果能夠立即改善或換貨的，不要拖延到以後

• 強調認同 I 客戶的問題，並表示已向公司或廠商反應，而大多數的情形均有改善

• 保持溫暖、關心與熱情的笑容

• 不要試著在語言上勝過 I 客戶，讓 I 得到口頭上的勝利

• 應對節奏快一些，表現負責到底的態度

• 記住 I 客戶是情緒化的，有時讓 I 好好發洩一頓是好的

• 隨時讚賞 I 是一位難得的好客戶

如果尹善群是銷售員

活潑熱情的尹善群很能吸引消費者的注意力，在銷售行列裡會是顆閃亮的星星。而銷售工作極富變化及彈性的性質，也很符合他熱愛自由的個性。他不會為產品作實質上的深入分析，但他會把商品描述得很有品味，讓消費者很有 feeling。

他會把銷售過程中的商業氣息降到最低，他會很自然地找到消費者的共同話題，並與消費者建立起輕鬆的關係。

S 型顧客的蘇永萍

從確定要聚會之後，蘇永萍便開始在腦子裡計畫要採買的東西。

她把這些東西列了一張清單，清單裡包括每個人個別喜歡吃的東西、大家都喜歡吃的東西，正餐、零食、點心、飲料、水果，餐前、餐後的都不能少。

蘇永萍還會打電話和陳思穎討論，所以這份清單還會再塗塗改改，因為她總希望能一應俱全、面面俱到。

有些東西可能必須到不同的地方買，因為有的地方品質較好、有的地方價錢較便宜、有的地方的包裝分量較適合，蘇永萍都特別作了註記。

聚會前一晚，蘇永萍再把清單拿起來檢視，並規畫了一下採買的路線。接著設想，隔天要幾點到陳思穎家？買東西要花多少時間？所以要幾點出門？處理家務要多久？所以幾點要起床？心裡有個底後，蘇永萍才安心地入睡。

星期六，蘇永萍帶齊購物袋，裝生鮮的、一般的，以及那張重要的清單，就在各家賣場裡按著她原先的計畫，很有效率地把東西買齊。

在賣場裡，她還會再打電話問陳思穎：「有沒有要買什麼東西？我可以順便帶過來。」

S 型客戶的銷售之道

面對 S 型客戶時，要體會 S 的耐性與溫馨，多談「How」有關的事情，讓 S 明白過程應如何進行。

◆記得 S 型人的特質

- 十分友善，風度極佳
- 支持者，主觀意識不明顯，喜歡團隊作決策，自己並不喜歡作決策
- 不容易與人起爭執，冷靜、從容
- 做事慢條斯理
- 個性隨和
- 合作性強，喜歡團隊中的歸屬感
- 很好的傾聽者，不容易反抗，服從性佳

◆面對 S 客戶的教戰守則

- 在購買或服務之前，先取得 S 客戶對你個人的信任
- S 客戶做決定不會太匆促，如果面對一位很熱絡、很熱情的銷售員，可能會使銷售過程拉長時間
- S 客戶是很死忠的客戶，即使市面上有削價競爭的情況，S 也不會變節
- S 客戶不容易說不，如果有抱怨，也不容易反應或表現出來

- 不要與 S 客戶造成「對立」的氣氛
- 盡可能避免風險及改變
- 給 S 客戶多一些時間考慮
- S 客戶不一定會為自己買，可以試著鼓勵 S 為家人買

S 型客戶的服務之道

◆記得 S 型客戶的特質

• 穩健	• 高 EQ	• 不容易生氣
• 重和諧	• 不善於表達	• 很有耐性
• 良好的傾聽者	• 重保證，不喜歡改變	
• 容易設身處地為人著想		• 易猶豫不決

◆ S 型客戶的購買重點

- 喜歡為別人買東西　　　　• 很少主動為自己買東西
- 買東西時需要一些時間考慮
- 有計畫地購買，會找資料、聽口碑
- 會很有耐心地去不同地方比價
- 會問別人的看法、意見

◆ S 型客戶的消費行為

- 不會在公開場合咆哮、與人爭論

- 態度溫和、客氣地表達問題，有時甚至會自己吃虧
- 有時會拖延，甚至不了了之，因為這樣的態度，很容易就會過了有效保證期
- 如有不愉快，會利用時間慢慢淡忘

◆ S 型客戶期待的服務

- 告訴 S 客戶你不是造成「問題的主因」
- 對 S 客戶承諾這些問題會很快地減少
- 再次提醒產品或服務應注意的事項
- 不要推卸責任，要很有耐心地聽 S 客戶說
- 祝福 S 客戶使用愉快，並代為問候家人，期待下次再光臨
- 保持聯絡，了解 S 客戶的使用情形

如果蘇永萍是銷售員

對於傾聽消費者的需求，蘇永萍會表現得很細心也很有耐性，因為她會很願意為消費者提供服務、並解決他們的問題。她通常不會急著想要快速成交，她喜歡消費者慢慢考慮，等考慮清楚之後，再自然地作出決定。

在這樣長期的銷售過程中，屬於慢熟型的蘇永萍，會與消費者慢慢培養關係，而這樣的關係是堅固且長遠的。

C 型顧客的陳思穎

陳思穎並不是個好客的人，但長期受到活潑的尹善群影響，面對的又是有多年交情的老同學，她倒是可以比較輕鬆自在。

因為平常上班忙碌，她擬定了一下進度，分成五天把家裡各處都整理了一下。

星期六，她一大早就拉著尹善群上超市，她把平日就蒐集起來的折價券帶著，因為她可不想錯過可以省錢的機會，此外還不忘隨身攜帶計算機，因為她要隨時掌控預算。

在賣場裡，陳思穎喜歡慢慢逛。

在決定買哪一樣菜之前，陳思穎會考慮配菜的問題，考慮好配菜之後，還會就各種包裝及品牌再做比較。她會仔細閱讀產品的原料成分、烹飪方法、有效期限、營養標示，如果附帶有簡易的食譜更好。

一般而言，陳思穎還是比較習慣購買使用過的品牌，那對她來說是比較安全且有把握的。

她不喜歡有銷售員在旁邊強力促銷，有時甚至會繞過銷售員所在的位置，直接轉往別處。對於那些太直接或熱情過頭的銷售員，陳思穎更是不想搭理。如果有需要銷售員的服務，那麼銷售員最好夠專業、對自己的產品最好瞭若指掌，能提供詳盡的資訊及使用說明書、能回答種種關於細節上的問題、能提出具體的保證，能試用、試吃，甚至不滿意可以退費，這樣一來，就比較能說服陳思穎掏出錢來。

C 型客戶的銷售之道

面對 C 型客戶時，要滿足 C 的疑問，多談「why」的問題，要先解除 C 心中的疑惑。

發問也能協助銷售人員確定 C 的需求為何。

◆記得 C 型人的特質

- 重視效率、邏輯，渴望零誤差
- 最理性，重工作勝於人際關係的經營
- 深思熟慮、謹慎，並且十分細心
- 不習慣與人身體接觸
- 井井有條，獨立性強
- 看起來有些冷漠

◆面對 C 型客戶的教戰守則

- C 客戶會渴望得到詳盡的書面資料以利閱讀，如果有使用前、使用後的例證，再加上分析圖表、或介紹整個購買的消費流程，更會是良好的輔銷工具
- 如果 C 客戶把憂心的問題放在細節上，要試著把他拉出來，強調你的服務紀錄或遠景
- 「保證書」是重要的，免費試用期、不滿意退貨等，都有助於 C 客戶做決定

- C 客戶渴望業務的專業，所以，銷售員請避免說出一些不確定的字眼，例如：「可能」、「大概」、「也許」……

- 不要太急，不要太興奮、熱情，先按捺著，試著讓 C 客戶這個好問寶寶的問題可以浮現出來，用更專業、有事實的證據來輔助，例如：剪報資料、最新的統計數字、國內外的趨勢分析、成長率、市場占有率、與競爭者的產品功能比較等，都是很重要的佐證

- 肯定 C 客戶其本身就是強調專業人士

C 型客戶的服務之道

◆記得 C 型客戶的特質

- 謹慎
- 完美主義
- 重程序、流程
- 要求精準
- 喜歡問問題

◆ C 型客戶的購買重點

- 不會這麼快作出決策
- 喜歡透過比較來作決策
- 會看使用說明書或詢問細節
- 重視保證及售後服務
- 理性，相信品牌
- 不輕易表態的性格
- 不喜歡天花亂墜的銷售方法

◆ C 型客戶的消費行為

- 不像 D 或 I 那麼直接的表達出情緒,有點像 S,但又沒有 S 般的順從,可能有較多的個人意見,並會表達出所有事情的優先順序
- 不會首先發難或抱怨,會看周遭情況是否對自己有利,一旦好的時機出現後,會立刻提出證據來證明
- 作風低調,即使買了也不容易大聲張揚

◆ C 型客戶期待的服務

- 讓 C 客戶覺得他的看法是正確的,因為 C 很怕被批評
- 向 C 客戶解釋過程及細節
- 對於 C 客戶的精確及心思細密,表示肯定與讚賞
- 以「思考者」最關心的事和問題來應付 C 客戶
- 保住 C 客戶的「面子」

如果陳思穎是銷售員

個性拘謹但思慮周密的陳思穎會提供給消費者一大堆的資訊,但不會花功夫與消費者建立關係。針對產品的特性與使用方法,她能講解出一套極具組織與邏輯性的說明;她能依據消費者的需要,精準地推薦最有利的產品。像這樣知識性的訴求是她的拿手戲,但如果要討論個人的人際關係,陳思穎恐怕就要舉白旗了。

情境 9　不同特質的社交心態

這場周末的聚會，對 D 型丁勝強而言，是一次嚴肅的會議，對 I 型尹善群而言，是一場好玩的 Party，對 S 型蘇永萍而言，是溫馨的老友相聚，對 C 型陳思穎而言，則是一場同樣不能出錯的專案。

老友來了，尹善群當然要給一個熱情的擁抱，玄關早已擺好了兩雙拖鞋，這是陳思穎迎接客人的第一步。看得出來客廳收拾得窗明几淨，桌上有剛泡好的溫熱的茶，沙發靠墊擺得錯落有致，雜誌報紙也疊得整齊有序。

　　蘇永萍馬上就嗅出這是陳思穎的味道，她不禁讚嘆陳思穎那一絲不苟的個性一點都沒變，雖然上班忙，還是把家裡打理得這麼井井有條，然後轉而羨慕尹善群好福氣、有眼光啊！當然她也注意到了落地窗前那副風格明亮的窗簾，應該是屬於尹善群的品味。還有音響裡播放的是他們念書時很熟悉的「空中補給」（Air Supply）的高亢歌聲。

　　尹善群笑嘻嘻地附和，他當然知道老婆持家的辛苦，但有時也會被老婆的吹毛求疵給惹毛，就像昨晚，上了五天的班，好不容易熬到週五晚上，想好好放鬆一下緊繃的心情，他只不過是脫下來的襯衫暫時放在床上，襪子暫時丟在地上，報紙反正要回收就隨便散落著，就被老婆念個沒完。這樣的戲碼並不罕見，尹善群常不理解：「為什麼要這樣？」這也正是陳思穎的疑問：「為什麼老是這樣？」

　　蘇永萍都知道這對寶貝夫妻的這些芝麻小事，不是因為她有透視眼，而是因為她三不五時的電話聯絡及善於傾聽的耐性，會讓尹善群打開話匣子就聊個沒完，也會讓陳思穎卸下心防和她說些心裡話。所以蘇永萍用姊妹淘的同情幫陳思穎說話，肯定了陳思穎的細緻，讓她很窩心；而蘇永萍稱讚尹善群追老婆的眼光及挑家具的品味，也讓尹善群覺得很有面子。這就是蘇永萍，她總是能看到別人的優點，也因為太熟了，所以她能不羞於讚美。

　　關於這些，丁勝強並不敏感，他只關心與他有關的，尤其是與他的工作有關的，何況他今天是要談事情：一個可以賺大錢的計畫。他巴不得明天就讓新的公司開始運作，因為機會就在眼前，錯過就太可惜了。

情境 10 不同特質面對改變的心境

　　是的，你應該猜到了，丁勝強的偉大構想就是他的創業計畫。創業對 D 型丁勝強的事業生涯來說，其實是可預料的必然趨向，他那個慢郎中老闆只是一帖催化劑，加速催生了他的夢想。他渴望獲得成功，他有滿腹的抱負與理想，他看的是大格局、大趨勢、大方向，但是他步調迅速、腦筋動得太快，對於實際執行的步驟經常無法深入地去思考，因此他需要有人來為他落實，把空轉的構想化為真實可行的行動。

　　不能否認，丁勝強的自信與善於描繪願景，都擁有極大的說服力；他強而有力的口吻，使他彷彿不是在討論事情，而是在布達政令；他主導談話的氣勢，讓人插不進話、也來不及做進一步的思考。他不畏挑戰、勇於嘗新、具前瞻性，他是開疆拓土的戰將，總能帶著大家遠眺一幅美麗的圖畫，他覺得事情沒有想像中的這麼困難，只要積極行動就可以了。

　　首先被激起鬥志的是 I 型尹善群，他的鬥志來自於這件事夠刺激，光想到自己可以當老闆，他就有莫名的興奮感，他腦海裡浮現的是豪華轎車、名牌西裝、會員制的俱樂部、名流雲集的社交圈、吃不完的飯局、認識不完的朋友、豐富多采的生活……尹善群已經迫不急待要付諸行動了，他回應著他還有認識哪些人可以來協助，也不管其他人到底認不認識這些人。

　　S 型蘇永萍一直很認真地聽著，創業！她壓根兒沒想過，她有一個和她一樣保守的老公、一份還算安穩的工作，這就是她要的平靜的生活。創業？會不會太冒險了一點？雖然最近公司的人事搞得烏煙瘴氣，但對老東家，蘇永萍還是有一份難捨的感情，至少老闆對她還不錯，同事們也都相處愉快。事實上，蘇永萍溫和的個性原本就很難在團體中樹敵。然而自己當老闆，要做許多決策、要承擔很多責任，為了衝事業，還得犧牲許多和家人在一起的時間，對蘇永萍來說，這是生活上的重大改變，恐怕得從長計議才行。即使要參與，她也不喜歡管太多事，蘇永萍覺得這要和家人討論之後，有共識才行。

　　C型陳思穎微皺著眉頭，心裡有許多疑問。創業？這中間牽涉到的細節可多了……現在時機對嗎？要自備多少資本？要向銀行貸款？要做市場調查？要找幾人？辦公室設在哪？請誰設計？風水、風險、支出、收益、制度、應變……？樣樣事情都要細細考量，每一件都馬虎不得，哪是畫個大餅就算數的？陳思穎以沉默表達她的疑慮，她無法立刻作決定，因為她需要更多的資訊來判斷。她記錄著丁勝強所說的重點，也在旁邊寫著等一下要問的問題。

　　總之，這就是夢想的開始。丁勝強認為不需他多費唇舌，大家應該要接受這個提議；而這個提議也的確太吸引尹善群了，他對這個夢想的未來充滿了樂觀，所以對於持保留態度的蘇永萍和陳思穎，他願意想辦法說服她們，尤其是他的老婆陳思穎。

　　經過了一次又一次的籌備會議，蘇永萍得到了家人的支持，她把大家的想法，特別是丁勝強不斷冒出新的點子，歸納為有系統的行動計畫，並把工作內容按日程定出詳細的步驟；當然，陳思穎是最好的流程監督者，她精密地掌控著每個人該做的事，並讓他們按步驟、按時間地把該做的事完成，以確保計畫執行無誤。

　　終於，丁勝強掛名總經理，尹善群衝刺業務，蘇永萍負責人事，陳思穎財務控管，四個好友合夥的公司開張了，這個公司取名為 Team（團隊）。夢想開始起飛……

情境 11 不同特質的管理方式

　　D 型丁勝強以精明的生意頭腦、卓越的談判能力，為公司開創了許多商機；而 I 型尹善群渾然天成的社交手腕，也為公司建立了許多重要人脈與公關；S 型蘇永萍和 C 型陳思穎則以穩定的後勤支援，讓公司得以順利而正常運作。Team（團隊）公司逐漸打出一片江山，規模也隨著逐步擴大。

　　在四人密切的工作接觸中，可以更明顯地看出四人性格特質的不同。

設立目標時

◆ D 型丁勝強

會為自己設定遠大的目標。這個目標的相關條件必須是產能高、成本低、具挑戰性，而完成這個目標的前提是必須具備效率。一旦設定目標，丁勝強會勇往直前、排除萬難去完成這個目標，不過在目標未完成時，他又會發現另一個新的目標。

◆ I 型尹善群

不喜歡太明確的目標。他喜歡且戰且走，隨著環境遷移做靈活的改變，是他不變的法則。他認為目標單一反而會侷限住自己，不如天馬行空讓事情更有趣，也更有創意。懂得變通才是他的生存之道。

◆ S 型蘇永萍

會希望觀顧到整體，如果要擇一進行，她會喜歡與團隊共事的計畫，在一致的目標下，大家分頭努力、分層負責。完成目標很重要，但她更愛的是那種大家庭的感覺，她不喜歡別人為她訂目標，她重視自我承諾，並且追求承諾的一致性。

◆ C 型陳思穎

和丁勝強一樣，也會用力在追求單一的目標上。但陳思穎要的是更高的品質、更正確的結果，她強調成長，無論是利潤、業績、效率、

規模或客戶滿意，但前提是不能使品質降級，因為二級的品質對陳思穎而言是不符格調的東西。

◆ D 型丁勝強

喜歡控制及推動會議的進行，他總是第一個發言，重視清楚的議程，不喜歡離題，當別人發言時，他可能會顯得興趣缺缺，尤其當會議時間拉得冗長時，他會更顯得不耐，他不愛拖拖拉拉，希望會議能緊扣議題有效率的進行，甚至會催促會議進行最後的結論，而當議題進入尾聲時，他又會恢復踴躍的發言，因為他希望能有具體的結果。

◆ I 型尹善群

喜歡與人溝通，他溝通的話題可不一定在議題上，他會說些笑話、時事、經驗、聽來的故事或趣聞、天文地理……什麼都說，只要能拉近彼此的距離、讓氣氛更輕鬆愉快，他會勤於在會場間遊走，常常也會偏離主題，想到別的事情。

◆ S 型蘇永萍

會認真聽取每個人的發言，對每個議題都保持專注，她會提出一些問題來幫助她了解別人的想法，她更會關心後續追蹤的相關事宜。她總是扮演居間串連的角色，順著大家的意見加以綜合歸納，如果有

人和自己意見不一樣，她就會本能地保持沉默。

◆ **C** 型陳思穎

常是最後一個發言的人，她總是先靜靜觀察，以對整個情況完全了解，她會從中看到一些問題，然後針對問題在心裡想過一遍。當她對自己的想法思考過、而現場情況也許可之下，她才會表達意見，直接說出她心目中的答案。

對內協商時

◆ **D** 型丁勝強

會設計好議題、擬定工作並做好分配，讓大家照著他的思維走。有時他也會以自己的職位及實際經驗來加強對事物的掌控力，並且透過一些外在因素的變化，來強化別人必須接受他的想法。丁勝強的主觀意識強，對於自己所認定的事物甚具信心，他會不懼衝突的力伸自己的主張，如果情況允許，他甚至不會費力去說服別人，而是採取一意孤行。

◆ **I** 型尹善群

是一個主動協商溝通的人，他會很熱心地說服別人，並且用輕鬆的方式，例如：耍幽默，讓對方感到自在、降低緊張情緒，讚賞或奉承對方，讓對方先接受自己這個人，再爭取對事的認同。因為尹善群

需要團隊的肯定，所以他不會用強硬手段犧牲掉別人對他的支持。

尹善群也是一個有情緒的人，如果沒有得到好的回應，他也可能因為沒有耐心而讓自己惱羞成怒。

尹善群不會太在意一些小細節，他要的是眾人的擁抱，那才是真正的榮耀。

◆ S 型蘇永萍

希望團隊的工作過程能夠保持穩定，以利於順利進行。她認為讓團隊和諧運作是她責無旁貸的責任，她會鼓勵大家充分表達內心的想法，她會用心傾聽並仔細記錄每個人的意見以作為參考，當她能抓住每個人的真實感受時，她不會一意孤行，她會尊重每一個人的想法，因此也在無形中發揮了她的影響力。即使自己並沒有得到實質的好處，但只要大家都感到滿意，這就是蘇永萍要的結局。

◆ C 型陳思穎

自有她的一套邏輯，她的邏輯來自正確的資訊。白紙黑字的數據、資料、圖表、分析就是她最有力的證明，證明她的專業與實際發生過的經驗。她對於「誰」沒有興趣，她重視的是如何解決問題的方法，而這個方法必須是正確的。不必講求彼此的關係，只要結果是根據事實又符合邏輯，就是陳思穎堅守的原則。對陳思穎而言，她相信清楚的規定，就是最基本的協商。

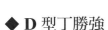

與團體互動時

◆ **D** 型丁勝強

會傾向於找關鍵人物，以會議的方式互動，他召開會議時的人數會較少，而就像之前說的，他會在關鍵議題上快速切入、尋求具體的結論，所以他不會讓開會的時間拖得太長，等作出關鍵的決策後，再把工作交辦下面的層級執行。

◆ **I** 型尹善群

習慣呼朋引伴，即使這個人只是與議題沾點邊，他也會很樂意邀請對方參加討論。基本上，他覺得只要是一個 Team，就大家都有份，而既然是一個 Team，就有權利表達意見、也有責任與團隊達成共識。雖然他的邀請可能只是臨時起意，而受邀者也不一定會是主角。

◆ **S** 型蘇永萍

和尹善群一樣，喜歡與團隊有較密切的互動，但她不喜歡檯面上的正式會議，她喜歡私底下較人性化的接觸。她會利用向各方蒐集資訊的同時，與對方作較深入與真實的互動，然後居間穿針引線，達成團隊的共識。

◆ **C** 型陳思穎

也喜歡向各方蒐集資訊，而這時也正是她與團隊互動的時機。陳

思穎向來行事較低調，所以不愛成為檯面上大權在握的領導人物，她對事的掌控比對人的領導更有興趣，即使身負重任，也會選擇把大部分的任務分派下去，但她會是分支工作最後的匯流，因為她可能是唯一知道如何將全部工作整合起來的人。

作決策時

◆ D 型丁勝強

在決策上常表現得魄力十足，但他果斷的另一面則是顯得專斷。丁勝強希望現在就做，他不想等到意見一致，也不聽別人的意見，因為他們可能會否定丁勝強認為的好意見。

當他掌握到多數的支持時，他會要求付諸投票表決，因為這樣最快、最明顯公開、也最具決定性，輸贏立見、結論清楚明白，可以讓無謂的爭論立刻消音，然後繼續下一個議題。

丁勝強認為好的決策過程是，不要讓大家在那裡爭吵，他總是問：「為什麼要花這麼多時間？」直接討論事實就對了。而一旦事實確認，他會做出決定，並很快採取行動。

可以直搗問題核心，根據事實做出困難決定的人，最能贏得丁勝強的尊敬。

◆ I 型尹善群

也是節奏明快的愛好者，他不想辛苦地研究問題，他靠直覺了解

問題。他喜歡決策過程甚於決策本身，他對別人在想什麼感到好奇，尤其如果有新點子出現時，他會特別興奮。

但他不想得罪任何人，也不想把立場分歧搞得這麼明顯，他會打圓場，希望降低對立的態勢及不滿的情緒，他覺得投票表決這回事太過一刀兩斷，這不是他的風格，他比較喜歡的是取得共識，尊重共識的方法。

對新事物不排斥，又能考慮全盤狀況而作出決定的人，是尹善群心目中的英雄。

◆ S 型蘇永萍

更不樂見衝突的場面，她重視感覺更甚於事實，以少數服從多數的方式，看起來是合乎民主，但對於個別之間的差異卻總是讓蘇永萍不放心。她認為團隊就是同一條船，是生命共同體，應該要同心協力、同舟共濟才對。如果出現了不一樣的聲音，不應該打壓，應該想辦法凝聚共識，以共識作決策；如果會造成衝突，就不要這麼做。

所以在共識未成形以前，蘇永萍是不會斷然採取行動的，如果有必要，蘇永萍是願意犧牲自己的想法來配合大家的。

對於在乎別人看法，會找時間關心別人的人，是蘇永萍崇拜的對象。

◆ C 型陳思穎

走的是理性路線，她沒興趣安撫個人的需求與心情，她以實際情況及事情發展的邏輯性作為考量，她會記錄每個議題贊成與反對的票數、她會參考每一項工作必須參與的人數、她最喜歡的決策過程是評估、研究以及損益分析，她用分析數據證明計畫是否可行。

陳思穎常說：「在作決定之前，要先做功課。」她以量化為標準，在這些原則下她是客觀的，但一旦她作出自認為「正確的」決策之後，她會變得非常主觀。

能以事實做好專業管理的人，是陳思穎認為的成功者。

情境
12 不同特質的談判策略

為了公司的需求、利益與種種業務運作，他們在各自的職位上都有可能對外或者對內進行談判。

丁勝強是支配型的談判者

在談判桌上就是要努力去爭取自己所要的，對丁勝強來說，不是輸就是贏，所謂的「雙贏」根本不算是勝利。

在他的心中會自行設定一套遊戲規則，在規則中，他必須在某些問題點上達陣得分，所以他會特別堅持，只要能夠在這些點上達到目的，他就會有「贏」的感覺，一旦覺得自己贏了，其它的，他會讓步。

丁勝強不會亂說話，他討厭浪費時間在閒聊上，但他會針對對方提出的問題給予回答，他的思考快速但不帶情緒。他不需要太多的資訊，只要根據少許必要的事實，他就能快速作出決定，有人說他是冷血的生意人，但他會謹守他的決定。

- 太過熱情的人，會讓他覺得虛偽
- 明快與明確的締約訊息，讓他覺得乾淨俐落
- 對他提出的問題，回答要簡潔有力
- 他是屬於理性交易的類型
- 他的談判目標是勝利
- 他語帶威脅，讓對手充滿壓力
- 他的態度嚴肅，喜歡主導
- 他不喜歡呈現弱點，你很難從他身上占到便宜

尹善群是影響型的談判者

尹善群太過情緒化，甚至會被情緒蒙蔽而偏離了主題，以致忘了自己是在談判桌上，而大肆談論著有關嗜好、經驗與故事等無關的話題。他有時會故意唱反調，只為了觀察對方的反應，對他來說，換個角度看事情其實還滿有趣的。

他待人熱忱，但不代表不會拒絕；他憑直覺做事有時顯得武斷，但很有風度。他最常犯的毛病是對某件事情過度關心，因此失去了對事實真相的掌握及深遠的考慮。他下決策的關鍵往往不在事情本身，而在他對這計畫的興奮程度，他越 high 則決定得越爽快。

好玩的是，如果他遇到的也是狂熱型的談判者，可能交易未果，彼此卻成了好朋友。

- 熱情對他非常管用，那讓他有受到重視的感覺
- 直接提出締約或交易的請求，比拐彎抹角來得有效
- 斬釘截鐵的回答，比較能引發他的好情緒
- 他是屬於感性交易的類型
- 他的談判目標是影響他人的決定
- 他會試圖牽動對方的情緒
- 他的態度激動，充滿渲染的表情
- 他的方式是激發出相同的熱情，就會有一致的意見
- 他的弱點是說得多、聽得少，容易忽略別人

 ## 蘇永萍是穩健型的談判者

她喜歡與對方慢慢建立關係，在決策之前，她必須先對對方產生信任，這時的溝通才會真正進入狀況。她需要時間對事情做整體的思考，如果對她施壓或逼她做出倉促的決定，那肯定不會有好結果。

因為她有對人的真切關心，所以不像丁勝強會只顧爭取自己的利益，如果她遇到一個支配型的談判者，那她肯定會非常不舒服。她是「雙贏」競局的推崇者，事實上，她並不那麼在乎輸與贏，她並不想占任何人便宜，她只希望談判過後，大家都對結果感到滿意。

- 她喜歡被親切地對待，那讓她有溫暖的感覺
- 想要迅速達成協定，在她身上會適得其反
- 認真思考她的問題，會讓她覺得受到關懷
- 她是屬於感性交易的類型
- 她的談判目標是維持和諧，達成默契
- 她會與對方保持友善、可延展的關係
- 她的態度柔軟，會容易妥協
- 她的方式是同意讓步，讓別人想辦法補償
- 她的弱點是容易受人左右，無法在問題上堅持到底

陳思穎是謹慎型的談判者

她很討厭匆忙與催促，她喜歡凡事嚴謹、井然有序。在談判過程中，她總是保持冷靜，沒有外顯的情緒。對於數字上的精確，她的要求可能會把一個狂熱的談判者逼瘋，而她也會暗自批評對方太懶散、搞不清楚。她可能會在一些細節上過分固執，讓人覺得她太頑固而沒有彈性，但對陳思穎來說，這一切都是原則問題，只是她的原則有可能讓談判陷入僵局。

- 光靠熱情，不如準備更多資料，更能打動她的心
- 太快要她做決定，會引起她的不悅
- 她喜歡問題，充分的對答會讓她覺得滿意
- 她是屬於理性交易的類型
- 她的談判目標是依照程序導致她要的結果
- 她不在乎彼此的關係，一切依事實進行
- 她的態度會保持疏離
- 她的方式是堅守住嚴謹的系統，讓系統自然運作
- 她的弱點是缺乏彈性

不同特質的自我成長與休閒生活

　　在忙碌的公事之外，這四個人當然也會有屬於自己的生活領域，這也充分展示了不同類型的人所各自擁有的不同的學習方向與生活習慣。

想自我充實時

 D 型丁勝強的學習

　　D 型丁勝強會為了一個理由去參加課程或演講，就是他想要「從中獲益」，而且這會是他唯一的目的。因為他是個非常務實的人，所以對講師的個人喜好不會是他參加與否的考量，他只希望在課程或演講中可以獲得一些有用的訊息。所以如果講師說了太多無關的笑話或故事，對丁勝強來說都是在浪費時間。最好現場有已經整理好重點的講義，這樣可以省去許多無濟於事的旁枝末節。

　　如果要閱讀，丁勝強會偏愛財經管理、經濟情勢、領導哲學的書籍，因為這是他在工作中所關注的，歷史裡的帝王御人術及建立江山的故事，也是他所樂於吸收的。

 D 型人的終身學習

　　★學習重點應該在於改善生活品質

　　★多運動，以增進健康

　　★打太極拳、瑜珈，學習緩慢與冷靜，體會以柔克剛、以靜制動

　　★唱卡拉 OK，促進社交互動

　　★聆賞交響樂，觀察合作的重要

　　★多看看文學作品，別老是看政治財經性雜誌

★讀詩，感受簡約而深刻的心靈

★學習雙向溝通，尤其是傾聽的能力

★學習如何快樂，學習如何帶給別人快樂

★學習表達內在的感情

I 型尹善群的學習

I 型尹善群參加課程或演講，是為了娛樂自己。太專業或太詳細的圖表，會讓他覺得索然無味，如果講師能夠加上生動的表演、能夠多講一些有趣的事情，他會非常 enjoy 在其中的歡樂氣氛，甚至他會特別記得講師說的笑話，以成為他與別人分享時的題材。只要當下的感受是愉悅的，尹善群並不在乎是否真正學到了什麼。

如果要閱讀，尹善群不會選擇厚重的長篇大論，因為他通常無法真正靜下心來久坐，或長期閱讀同一本書。而太技術性或太文謅謅的內容，也都會讓他食不下嚥。他喜歡簡明、能快速翻閱的書。因為即使讀書，對尹善群來說，也應該是一段輕鬆快樂的時光，像美食、旅行、散文、小說，都是他所喜歡的。

I 型人的終身學習

★靜坐，訓練長期的專注力

★電腦，步驟性地完成一項工作

★購買 DIY 家具，享受組裝的成就感

★閱讀財務報表，重視細節與數據，懂得量入為出

★讀散文，厚實心靈品味

★參加讀書會，社交的延伸，在盡興分享中學習

★讓創意得以有系統的發展

★讓生活更簡單一些

★學習時間管理

★學習目標設定

★學習情緒調適

 S 型蘇永萍的學習

S 型蘇永萍參加課程或演講，是為了感受那種與大家一同學習的感覺，她的重點在「學習」本身的意義，而不在於實際的目的。她希望與興趣相仿的人接近，在周遭的人都樂在其中的氛圍中，她可以感受到一種心靈的共鳴。她可能在會場中提問，只為了幫助其他不了解的人。

她不喜歡激勵型的場合，她喜歡溫暖而富感性的模式。

如果要閱讀，她會很有耐心，從第一頁到最後一頁，如實地、不跳接地把它讀完，即使沒看完，她也不會先翻到最後看結局。對於歷史與文學，她特別能體會其中深厚的感情，對於能提升心靈並能由此

幫助別人的,她也會深感興趣。宗教、語感、歷史、文化等的內容,她都有種難割捨的喜愛。

S 型人的終身學習

★學習重點應該在於增強自信,敢於夢想

★自助旅行或遊學,主動與人群接觸,靠自己解決行程中的難題

★再深造,拿另一個學位作為實際的成果

★閱讀社會趨勢,吸收現實世界變化的訊息,接受科技性的產品

★閱讀偉人傳記,建立信心及勇氣

★參加成長團體,表達內心想法,喚醒內在的力量

★學習壓力管理,用積極正向的方式紓導壓力

★敢於夢想,行動是夢想的開始

 ## C 型陳思穎的學習

C 型陳思穎參加課程或演講,是為了一種知識性的追求。即使時間冗長,她也會特別有耐性地從頭坐到尾,不放棄任何一個細節,甚至在經過幾個小時或幾天之後,她還會覺得內容不夠深入,似乎還有許多空間,可以再探討得更清楚。

如果要閱讀,歷史追蹤、心理分析、科學研究等較知性的題材,都會吸引她的注意。如果有時間,成套的書籍她也來者不拒;她還會

在上頭畫重點、作註記。她喜歡一個人靜靜地閱讀，不必與人交談，
自在地享受在知識領域裡的悠遊之旅。

C 型人的終身學習

★學習重點應該在於更懂得放鬆並對人付出關心
★肢體表達與聲音訓練，自然流露情感並培養樂觀態度
★學習與陌生人交談
★學習以輕鬆態度面對變化
★學習融入團隊、支持團隊
★學習如何說笑話
★學習放寬生命的好球帶

從事休閒生活時

 D 型丁勝強的休閒

　　丁勝強最討厭浪費時間，而「放假」對他而言，可能就是一種時
間的浪費，尤其是「長假」或是那種無所事事型的「純度假」，更是
可怕。例如：在海邊看夕陽、在泳池畔做日光浴、在咖啡廳裡悠閒的
喝下午茶……他可能會隨身帶著電腦，方便隨時處理公事或上網查詢；

他的手機不會關機，甚至在旅程中他都會打電話回辦公室交辦事情。即使到國外出差，他也對附近的景點沒有太大興趣。

他不喜歡花兩、三個小時坐在看臺旁觀表演或比賽，他會選擇可以參與型的活動。例如：潛水、滑雪、打橋牌或組隊來場高爾夫球比賽。雖然在放假，他還是會想辦法把行程排滿。

I 型尹善群的休閒

尹善群是個能隨興享受生活的人，只要夠刺激，他會不惜花錢、花時間坐飛機，只為去看一場有趣的比賽或表演，對他來說，這就是生活的樂趣。他崇尚及時行樂，只要當下的感覺對了，他在 shopping 時不會有太多的猶豫，因為他喜歡立刻做決定。他會讓手機保持在開機狀態，以便讓別人可以隨時找到他，因為他不想錯過別人想告訴他的任何一件事情。

如果到國外出差，只要時間允許，他會在空檔或事後安排幾天的旅遊假期。如果新聞裡說合歡山可能會下雪，他會一時興起，就開著車子上山。對他而言，人生，歡喜就好。

S 型蘇永萍的休閒

蘇永萍一向步調緩慢，當工作過於緊張時，她就會需要一個假期

來舒緩緊繃的情緒，但大部分時候，用假期來陪伴家人的意義會大過於她自己。蘇永萍的假期是需要事前規畫的，她會願意花時間在安排車程、旅程及食宿上，因為沒有事先做好計畫的行程對她來說是不安全的，而這些行程也不會太過緊湊。

對於要帶的東西，她會做好一張清單。然後按照清單收拾行李。就像這樣，必須一切都準備就緒後，她才會上路。她會帶著手機，但不見得會開機。

競賽型的活動通常不會獲得她的青睞，因為她不喜歡與人比較輸贏；太動態或刺激的活動也不是屬於她的類型。她喜歡在一個熟悉的環境，與一些熟悉的人，做一些不會太冒險的事，例如：家庭聚餐、與老朋友的聚會、或固定的讀書會等。熟悉的人、事、物，最能讓蘇永萍放鬆。

C 型陳思穎的休閒

陳思穎會設定每年來一趟國外、一趟國內的旅行，但目的地的決定需要一段時間的醞釀，她會開始比較各家旅行社的行程、住的飯店、用餐的內容、班機的時間、出團的日期、哪一家航空公司……還有最重要的費用，在交互比較之後，她會選擇一個最具經濟效益的方案，之後她就不希望再有任何更動了。

在出發之前，她會做功課，以認識當地的歷史淵源、文化背景、

風土民情、以及重要的景點、特色飲食等,對陳思穎而言,旅行不僅是表面的走馬看花,最好的是能有深入的了解。她會帶手機,但大部分時間都會是關機的狀態。

如果不想出門,其實只要能靜靜地待在家裡,泡一壺茶、看一本書、聽個音樂;或者一個人去看場電影、欣賞展覽,只要沒有太多的人際接觸,對陳思穎來說,都是最好的休閒。

不同特質的壓力管理與情緒調適

　　不同的性格特質當然也會表現出不同的行為特質，在密切的互動下，尤其在面對壓力的情況下，互異的反應將更加地明顯。

　　更嚴重的是，如果不能做適切的調整，衝突將一觸即發。

丁勝強與尹善群（當 D 型遇到 I 型）

丁勝強重視工作，尹善群重視人；丁勝強習慣單槍匹馬，尹善群習慣好吃道相報；丁勝強不善於關心，不容易信任別人，尹善群樂於與人在一起、總是釋放善意。但他們對速度都有一致的感覺，也都屬於急驚風一派。

丁勝強與尹善群從學生時代就是哥倆好，常常一起打球、看電影、上圖書館，在不上課的時間，他們的行事速度總是能很快，這讓他們成為彼此欣賞、無話不談的好朋友，因為同寢室，他們常會一直聊天到深夜，聊滿腦的怪點子、聊未來無限的抱負。

現在，丁勝強為公司一項新產品擬定的一個行銷計畫，已決定交由尹善群負責，由尹善群統籌先針對老客戶作第一波的說明與銷售。但問題來了，丁勝強對產品信心十足，所以「好東西，大家應該主動花錢來買」，尹善群不否認東西好，但就因為東西好，所以「好東西，應該先送給好朋友體會」，為此兩人僵持不下。

丁勝強要求的是績效，以業績目標為導向，尹善群覺得他太不懂人情、只懂得做生意；尹善群總是充滿熱情，以人際關係為導向，丁勝強則認為他太不重實際、只會耍嘴皮。

丁勝強為公司掌舵的權威竟然遭到質疑，而尹善群向來開放、友善的作風沒有受到支持，還反而被否定與扭曲，兩人的怒火油然而生。

丁勝強遇到挑戰時，只會激發他更旺盛的戰鬥力，他忍不住拍桌子、大聲咆哮；而尹善群在氣頭上也絕不示弱，他臉上盡是劍拔弩張

的表情，腳下來回踱步，嘴裡則盡是攻擊性的言語。

丁勝強與蘇永萍（當 D 型遇到 S 型）

　　總經理辦公室裡吵得不可開交，蘇永萍緊張得頻頻張望，猶豫著到底要不要介入？幾經天人交戰，蘇永萍覺得老朋友吵架已是不應該，合夥人不夠團結，影響公司士氣更是划不來，所以她深吸一口氣，終於推門進去。

　　就在此時，尹善群已撂下最後一句狠話，他只看了蘇永萍一眼，就用力地甩門而去。蘇永萍愣在原地，原是要來勸架的，結果吵架的人跑了，她一下子倒不知道怎麼辦了？嗅著凝滯的空氣、看看丁勝強鐵青的臉色，蘇永萍整理了一下思緒，慢慢地走向丁勝強。

　　丁勝強重理，蘇永萍重情；丁勝強講求速度，蘇永萍慢條斯理；丁勝強有主見且態度直接，蘇永萍隨和也比較沒有原則；丁勝強冒險奮進，蘇永萍小心翼翼。

　　丁勝強當然不認為自己有錯，他只覺得尹善群太天真，但暴怒之後，他並不想停留在情緒裡，他想的是解決眼前問題。所以他不需要蘇永萍的安慰，他腦袋裡正在飛快運轉的是：下一步該怎麼走下去？

　　蘇永萍擺好準備傾聽的姿勢，雖然丁勝強向來表現得堅強，但十幾年的情誼多少會在這一架裡受傷吧！結果丁勝強並沒有為剛才的爭吵多解釋，蘇永萍聽到的不是丁勝強的心情，而是他要轉為指派給她的工作。蘇永萍很驚訝：丁勝強怎麼能夠如此冷靜？

丁勝強要蘇永萍主導這次行銷專案，讓蘇永萍有點錯愕，這豈不是搶了尹善群的飯碗？而且行銷不是她的強項，這根本是要她做一件她從未做過的事啊！而且事情實在來得太突然，時間又這麼短，就要靠她自己做決定，人的問題還沒解決呢，怎麼就要決定事情啦？

但丁勝強直視的眼神堅決而肯定，彷彿不需要蘇永萍的同意，蘇永萍知道一場戰事剛熄，但火山的煙硝還有餘星，所以她不忍心再給丁勝強壓力，而為求眼前的和諧，她向來也不太會拒絕，只好先選擇妥協，可是心裡有著百般的不願意。

蘇永萍與陳思穎（當 S 型遇到 C 型）

不忍給丁勝強壓力，把事情攬在自己身上，現在換蘇永萍愁眉苦臉了。尹善群與丁勝強的這個心結該怎麼解決？尹善群那邊不知道怎麼樣了？如果一肩承擔，尹善群會不會不高興？丁勝強要求的效率，跟不跟得上？說明會得上臺說話，想了就害怕！一個陌生的領域，自己到底行不行？

蘇永萍一邊掛心著尹善群，一邊又擔心著自己，腦筋一下空白，接著又是一片混亂。唉！事情怎麼會變成這樣？還是找陳思穎吧，她最會理出頭緒了！

蘇永萍對人性的感性，陳思穎有對事的理性；蘇永萍喜歡團隊合作，陳思穎喜歡閉門造車；蘇永萍善於傾聽，陳思穎善於分析；蘇永萍找人討論，陳思穎蒐集資訊；但她們都有同樣緩慢保守的嚴謹。

　　陳思穎剛從銀行回來，並不知道剛才發生的事，蘇永萍一看她回來，像溺水的人看到一根浮木，抓著她就關室密談去了。陳思穎仔細聽了蘇永萍的敘述，但她認為對事情的來龍去脈還不完全清楚，因為蘇永萍所了解的只是模糊的大概，所以陳思穎還無法作出具體的回應。

　　不過，陳思穎和丁勝強一樣，都是就事論事，雖然事情與自己的老公有關，當然陳思穎也擔心尹善群，但站在公司的立場，解決事情比解決情緒重要、找到對的決策比評斷誰是誰非重要。蘇永萍卻想，公司搞砸了沒關係，但可不要把十多年的寶貴友誼給賠進去。

　　說到事情，蘇永萍真的對自己所要負擔的責任沒有信心，雖然她樂於提供協助，但她實在不適合當救火隊。這一點陳思穎倒也認為丁勝強的決定太倉促了，倒不是懷疑蘇永萍的能力，而是蘇永萍的能力不在這裡，蘇永萍聽了猛點頭：「什麼叫由我主導？是要聽丁勝強的？還是尹善群的？還是真的可以照我的想法嗎？唉！」蘇永萍最怕像這樣無所適從了，好像怎麼做都會得罪人，她不禁又在心裡皺起了眉頭。

　　當然，蘇永萍不會只關心自己，她安慰陳思穎，尹善群這個人氣過就算了，應該不會有事的。陳思穎用手機聯絡上尹善群，蘇永萍提議：反正已經下班了，約個地方聊一聊。

陳思穎與丁勝強（當 C 型遇到 D 型）

　　陳思穎知道，要全盤了解事情的始末，不能只聽尹善群的一面之詞，所以她請蘇永萍先去找尹善群，而她還得先和丁勝強談談幾件公事。

　　丁勝強仍然照常辦公，他總是讓自己保持前進，見陳思穎進來，他第一個反應還是問她與銀行洽談的情形，完全無視於陳思穎一臉的「為什麼」？

　　陳思穎被動，丁勝強主動；陳思穎間接，丁勝強直接；陳思穎追究細節，丁勝強目標導向；陳思穎不願多談私人想法，丁勝強勇於表達；陳思穎迴避衝突無奈搖頭但會尋求制度漏洞，丁勝強為達目的奮力向前，甚至打破常規。但他們都有極強的任事能力。

　　陳思穎不帶情緒地向丁勝強說明了剛剛與銀行接洽的結果，陳思穎敘事總是簡明扼要，這點很符合丁勝強不喜歡拖泥帶水的個性。至於與尹善群發生爭執的事，丁勝強並沒有因為陳思穎與尹善群的夫妻關係而說些什麼，他對於這些公事以外的關係並在意。看丁勝強沒有要主動提起的態勢，陳思穎心裡有點著急，但她並不想這麼直接地切入主題，可是他們兩個都不屬於會哈拉閒聊的型，所以場面突然有點尷尬。

　　還是丁勝強先開的口：「這次新產品的行銷案，我覺得尹善群不太適合，所以我已經委由蘇永萍接手負責了。」內容還是公事。

　　丁勝強善於領導統御是公認的事實，但像這樣片面的決定，陳思

穎覺得不能接受，撇開「不顧及他人感受」這一塊不談，未經公開討論和仔細評估的流程就遽下決策，是不合乎制度的，這可踩到陳思穎的地雷了。

陳思穎不善於強勢說服，她只是悶在肚子裡生氣，臉上依然不露半點情緒，但她開始拋出問題：「尹善群為什麼不適合？」、「兩個方案的優缺點在哪裡？」、「有做過成本分析嗎？」、「有評估過損益嗎？」「蘇永萍真的可以嗎？」……

陳思穎在意的是這個決策的正確性，它是否合乎公司的利益？至於同學的友誼、同事的情誼、私人的感受與感情，並不在她公開討論的範圍，那是屬於生活中的私領域。

尹善群碰到蘇永萍與陳思穎（當 I 遇到 S、C）

尹善群還在氣頭上，這時候的他最需要找個人一吐為快。

尹善群樂觀情緒化，蘇永萍平穩易緊張；尹善群直腸子，陳思穎善觀察；尹善群口才好，蘇永萍怕說話；尹善群愛熱鬧，陳思穎怕干擾；尹善群不愛受拘束，蘇永萍極具忠誠度；尹善群情緒寫在臉上，陳思穎自制力強；尹善群易親近、能振奮士氣，蘇永萍有耐性、能穩定軍心；尹善群活力充沛、點子滿天飛，陳思穎穩重規矩、細緻有條理。

尹善群最氣不過的是：丁勝強怎麼可以批評他的社交能力，還否定他為公司建立的人脈關係，而且是在公司這樣公開的場合，實在太不給面子。更氣的是：當他要為自己辯駁時，丁勝強還總是搶著插話，

讓他無法盡情地把話說完，不能暢所欲言，對尹善群而言可是嚴重的內傷。

尹善群像個受盡委屈的孩子般不停抱怨，蘇永萍一直用充滿同情的眼光，扮演她最擅長的傾聽角色，讓尹善群把想說的話說個痛快。蘇永萍不打斷也不批判，她只是專注地聽著，她要聽的不見得是事實，她要聽的是事情背後的心情，是事實發生後引起的反應。她要安撫的不是一個人的理智，而是一個人的情緒。

陳思穎也是一直靜靜地聽著，但她自有一套邏輯在腦中運作，她了解自己的老公當腎上腺素急遽上升時，會變得衝動而失去彈性、會變得主觀而聽不見別人真正的聲音、會繞在情緒裡而抓不到事情的主軸。這時的她就會像一潭澄澈透涼的水，為他在一片茫亂煙霧裡，照見一條絲路、殺出火海，還他清涼。

丁勝強碰到尹善群、蘇永萍與陳思穎（當 D 遇到 I、S、C）

尹善群發洩完情緒，很快就會轉換心情，又回到那個樂觀、開朗的尹善群。只是要讓他有臺階下，要給他注目與肯定。

蘇永萍能體會尹善群，也能理解丁勝強，她還是希望維持現狀，由尹善群來執掌這次的行銷專案，當然更希望丁勝強和尹善群這對昔日球場上的好搭檔能趕快握手言和。

陳思穎認為公事不要摻雜太多私人的感情，應該趕快回歸到組織的程序裡來處理。

丁勝強也稍稍軟化，他知道尹善群是難得的業務好手，也是難得的好兄弟，反正就事論事，他願意在會議桌上重新審視這次專案。

在一個團隊中，衝突是很容易存在的，尤其是每個人有著不同的個性。可是衝突越大，一個團隊的格局也越大，我們要珍惜不同的人才，善用不同的特長，並且懂得更有效的溝通，在彼此信任的基礎上，就能產生共好的團隊。

這個部分，我們在下一章會有詳盡的說明。現在來看看四種類型的人如何做壓力管理和情緒調適：

D 型人的壓力管理

◆ D 型人的壓力來源

- 被質疑立場
- 權威被挑戰
- 同儕比自己要好
- 部屬跟不上自己的速度
- 發現自己被別人利用
- 無法掌握環境
- 發現自己落後別人
- 沒有明確的責任與權限

D 型人的情緒調適

◆ D 型人的情緒覺察

- 情緒易怒
- 恐懼被利用
- 沒有耐心
- 有旺盛的企圖心
- 不怕挫折
- 有強烈的自尊心
- 態度直接、果斷、有壓迫感

◆ **D 型人的情緒反應**

- 直接回應，例如：「暴跳如雷」、「大聲咆哮」、「拍桌子」、「摔東西」、「打耳光」、「當街開罵」
- 在遇到別人的攻擊時，很容易累積出更強的戰鬥力
- 容易給人貼上標籤，易對人落入主觀的價值判斷
- 很痛恨別人找藉口，這會讓 D 喪失耐心
- 對人較不敏感，對別人的感受不會在意

◆ **D 型人的情緒調適**

- 要學習謙虛一點，自制一點，冷靜一點，輕鬆一點，發脾氣是不能解決問題的
- 不要人之所欲強加於人，好心沒有好方法，就不會有好報
- D 很喜歡設定目標，要學習把目標降低一些，可增加很多調整的空間
- 要先學習察覺自己的情緒，才能求改善
- 要學習在生氣時，不去找代罪羔羊
- 深呼吸

Ⅰ型人的壓力管理

◆ Ⅰ型人的壓力來源

- 環境過於嚴肅
- 工作沒有樂趣、索然無味
- 團體中派系太多,彼此勾心鬥角
- 沒有辦法得到主管的肯定、讚美、支持
- 開放、友善的作風遭人誤解
- 沒有辦法融入群體中
- 一個人工作,無法與人交談
- 沒有辦法表現真實的自我
- 時間管理不好,太緊迫、太雜亂

Ⅰ型人的情緒調適

◆ Ⅰ型人的情緒覺察

- 標準樂觀主義
- 活力充沛,自我促銷,容易交往
- 情緒來得快,也去得快
- 直腸子,真性情
- 晴時多雲偶陣雨
- 恐懼遭排斥,失去社會認同
- 是一個笑如春風的人
- 會用肢體動作來輔助自己的情緒
- 情緒明顯寫在臉上

◆ Ⅰ型人的情緒反應

- 立即在臉上表現出好惡
- 打電話傾訴自己的心情
- 立即讓周遭人感染到他的情緒
- 不耐煩
- 手舞足蹈
- 攻擊性的語言
- 購物

◆ I 型人的情緒調適

- 多了解一些實際狀況，包括文化、價值、習性等

- 熱情是很好，但過多的熱心可能會被評為雞婆，學習自制一些

- 不要過度使用直覺，以免「庸人自擾」，例如：他是不是喜歡我？他是不是不滿意我的表現？

- 溝通不良時不要心灰意冷，不必太急，有時候時機的選擇也是很重要的

- 善用自我解嘲的能力，無形中可紓解自己的壓力

S 型人的壓力管理

◆ S 型人的壓力來源

- 不太會給別人壓力，因此攬了太多事在身上

- 必須靠自己做出重大決定時

- 被要求做一些從未做過的事

- 感覺到工作時程急促，沒辦法按計畫行事

- 政策突然改變，沒時間因應

- 過於忙碌的生活，沒辦法兼顧到家庭及其他

- 過於衝突或複雜的情節

- 過於快速的步伐

- 怕得罪別人

- 站在臺前公開說話

S 型人的情緒調適

◆ S 型人的情緒覺察

- 情緒的起伏平穩
- 恐懼突然改變或失去保障
- 容易緊張

- 容易猶豫不決
- 缺乏主見，自信心不夠
- 情緒控制合宜

- 不太希望改變
- 希望獲得保障

- 有耐心，容易預測，立場超然，合作

- 不太會拒絕別人的好好先生

◆ S 型人的情緒反應

- 自我反省
- 怕自己成為別人的負擔
- 不容易為自己辯駁

- 逆來順受
- 在和諧前提下選擇妥協

◆ S 型人的情緒調適

- 不過度壓抑自己的感覺，不一味地忍耐，勇敢表達內心的感受

- 不立即躲進自己的舒適圈，可請教有經驗人士

- 閱讀，沉澱自己的心靈

- 多一些行動力，用積極的行動來突破恐懼

- 重新調整事情的輕重緩急

C 型人的壓力管理

◆ C 型人的壓力來源

- 受到質疑，被誤會
- 因資料不足而無法做成決策
- 日常運行軌道受到質疑及挑戰
- 原則、規定、政策、方法不清楚
- 需要主動與人群接觸
- 環境紊亂、失控
- 看到別人犯錯
- 表達直接的關心

C 型人的情緒調適

◆ C 型人的情緒覺察

- 不容易從臉部表情發現情緒
- 盡忠職守，準確，自制
- 思路清晰，井然有序
- 有條不紊
- 完美主義傾向
- 恐懼被批評，缺乏標準
- 重視規定與原則
- 謹言慎行
- 凡事高標準
- 不喜歡陌生人群

◆ C 型人的情緒反應

- 不善於強勢說服　　　• 無奈的搖頭　　　• 選擇逃避
- 往往會選擇逃避，尤其是利用制度的漏洞
- 會用問問題的方式來紓解情緒
- 不說話，埋首於工作中

◆ C 型人的情緒調適

- 不要只是逃避、抑鬱、生悶氣
- 少一點挑剔，多一些承諾
- 多些行動力，坐而想，不如起而行
- 把對人事物的標準降低一些
- 尋求團隊中情緒的支持與鼓舞
- 試著從大方向著手，不要只注意到細節
- 不要鑽牛角尖，問自己有力的問題
- 主動去找協助，不要悶在心中不說

沒有誰是真正的主角、誰是跑龍套的配角，在兩兩溝通的當下，每個人都在發揮潤滑機具的功能，每個人都在扮演螺絲釘的角色，也都有撐起全局的舉足輕重的地位。當大家都能認識自己、讚賞別人並善用彼此的能力時，這將是團隊發揮績效的高峰期，工作的質與量都將有所斬獲，團隊將不斷提升、個人也將不斷成長。

Chapter

3

DISC的團隊互動

不同的人格類型合作，
才能創造團隊綜效

　　一個支配型（D），一個影響型（I），一個穩健型（S），一個謹慎型（C）。他們可能在一場會議中發生這樣的事：

　　支配型（D）宣布會議開始：「這是我的計畫。」

　　影響型（I）提出異議：「你不能一個人就做決定，我還有其他的想法……」

　　謹慎型（C）聽到影響型（I）說著說著又扯到別的議題去了，於是跳出來：「我們應該先決定主要的行動目標與工作大綱。」

　　支配型（D）因為不必要的意見分歧已經開始發脾氣、影響型（I）還在喋喋不休於他跳躍式的話題、而謹慎型（C）又不斷地要求大家要守秩序。

　　穩健型（S）眼見場面快要失控，只好拜託大家：「大家先心平氣和地坐下來，我相信每個人的觀點都有意義、都值得好好一起討論的！」

　　不同的人格特質造就出不同的行為模式，這是再自然不過的事了。一個團隊無法發揮功能的最大原因是：大家都忽略了個體間的差異，

以為只要找到幾個優秀的人，這些人就能自動組成一個團隊。然而要能夠了解並將人格特質的差異列入考慮，才有可能將每個人的力量盡量地發揮到極致。

事實上，人與人之間的衝突因子會一直存在，但並不一定會真的發生衝突。一個團隊要成功，就看大家是要選擇對立，還是選擇互補。

如果選擇對立，影響型（I）會覺得謹慎型（C）太重細節、不夠大氣；支配型（D）會覺得穩健型（S）溫溫吞吞、沒有魄力；謹慎型（C）會覺得支配型（D）沒有耐心、影響型（I）做事沒重點；穩健型（S）則會期待大家都和他一樣友善。

如果選擇互補，謹慎型（C）是極佳的分析者、能為團隊的目標對焦、控制品質；穩健型（S）會稱職的與人合作、提供協助；支配型（D）會設定結構、激發動力；影響型（I）會充滿創意、提振士氣。

每一種人格特質都有其獨到之處，如果能夠讚賞自己及他人的風格，就會發現每一種人格特質都有補強他人弱點的力量。這樣的團隊能解決廣泛的問題，並展現強大的創造力，會是一個很優秀的團隊。

保有自己，適應別人：
從優秀到卓越的領導風格

　　不同類型的管理者有不同的領導風格，這無關對錯，每一種類型的風格都會有所成就，也會有所挫折。最好的領導者就是能清楚自己與部屬性格的極限，了解完成一項工作需要些什麼，掌握這些特性之後，加以融合運用，知道什麼時候該做自己？什麼時候該適應他人？

　　如此，就能在任何情況下與團隊中的各種人和諧相處。

D 型領導者如何與各類型部屬互動

◆ D 型的領導特質

- 直接，控制，獨斷
- 獨立，追求成功的動機強烈
- 喜歡掌握狀況
- 好勝，企圖心強
- 喜歡挑戰

- 以事為主
- 不容易關心別人或激勵別人
- 容易與人保持距離
- 主觀與自負

　　D 向來強勢，他的專橫加上急促的步調，會給人強烈的壓迫感，再加上他好像什麼都知道的態勢，很容易引發下屬的緊張、甚至不滿。

D 想要部屬服從，除了要把自己的想法與工作方法傳達下去之外，同時應該試著聽聽部屬的意見，即使不滿意也要及時與他們協商，取得共識，可有助工作的順利推動。

D 應該以寬宏大量接受別人犯錯的可能，不要劈頭就加以指責，要試著用同理心來看待部屬的錯誤，並藉此讓自己心平靜和的提出適當的批評。因為人非聖賢，包括 D 自己都會犯錯，如果 D 能以自己的錯作為部屬的借鏡，將更能讓部屬信服。

D 有時也應該在做事的節奏上緩和一下，耐心一點，不要急於求成果。

身為管理者，D 要提醒自己注意部屬的感受，當員工表現好時，要稱讚他們；同時視員工的能力適當的授權，不要搶鋒頭，要讓員工有歸屬感。如此可贏得員工的忠誠並逐漸增強他們的能力。

◆ **D 面對 D 型部屬時**

要知道 D 的自尊心很強，所以要去發掘 D 的長處，時時給予讚揚、給予精神上的支持。可以這麼做：

- 授權，因為 D 需要權力
- 有清楚的權責，不要讓 D 濫用權力
- 尊重 D 的作事風格，但要求有明確的回報
- 可授予 D 較具開創性的任務
- 不要當眾指責 D

- 發生言語衝突時，雙方都是就事論事，不要因言廢人
- 別用太多繁文縟節限制了 D 的行動力

◆ **D 面對 I 型部屬時**

要知道 I 喜歡自由，只要把握住工作重點，其餘的盡量讓 I 能夠有自主發揮的空間。

- 多和 I 進行互動，和 I 討論，讓 I 有表達意見的機會
- 讓 I 知道，與工作相關的還有誰
- 肯定 I 的成績，公開給予讚美，並私下付出關心
- 面對 I 時，要保持冷靜與清醒
- 不要說明太多細節、給太多束縛，以致限制了 I 的創造力
- 不要與 I 過度爭辯，只要針對不足之處給予反駁，就會讓 I 感到信服
- 不要在別人面前批評 I

◆ **D 面對 S 型部屬時**

要知道 S 總是沒什麼信心，要適當的賦予 S 責任，然後甘於當隱身在幕後的支持者。

- 多給予 S 當面的讚美，並表達信任
- 在別人面前表揚 S，並讓這份表揚透過別人傳達給 S
- 讓 S 自己做出承諾，但對 S 實踐承諾不要操之過急

- 在 S 遇到困難時，要提供協助
- 關心 S，也關心 S 的家人
- 有變動時，要提前告知，並給時間讓 S 應變
- 不要搶在 S 的前面插手 S 的工作，而剝奪了 S 的主動性
- 不要給太空泛的目標，要用進度來掌握其持續性

◆ **D 面對 C 型部屬時**

如果一個靈活創新、一個細心嚴謹，能各取所長，產生互補的力量。

- 讓 C 型部屬明白工作的流程及注意事項，並盡量向其提供資料
- 肯定 C 型部屬對事情追根究柢的能力
- 多以評估、比較、分析的方法來激勵 C 型部屬的積極性
- 給予信任，激發 C 型部屬的熱情與效率
- 透過程序來檢查，以確認 C 型部屬的工作進度
- 不要以權力施壓、強迫 C 型部屬接受自己的方法
- 不要破壞制度，讓 C 型部屬感覺紊亂

┃型領導者如何與各類型部屬互動

◆ I 型的領導特質

- 良好的溝通與說服能力
- 容易信賴別人，有很好的人脈網絡
- 樂觀，口才好，較圓滑
- 做事時較為衝動
- 對人際關係的感受較敏銳
- 不太重視細節，有時會讓效率打折扣
- 喜歡團體的氣氛
- 重門面與第一印象
- 即興，步調快
- 選擇自己想聽的部分

I 應體認，自己要帶給部屬的不只是創新的 idea，還有幫助他們對外協調事物的能力。I 要把好口才善用在溝通與說服上，而他敏銳的觀察力也有助於圓滑的處理人際關係。

I 要控制一下自己太過隨性的個性，才不會迷失原先設定的目標。

I 要學著更有條理地處理事情，隨時檢視自己的行程，排好事情的優先順序。可以做些表格和記錄，幫助對事情的後續追蹤，以免延誤了對部屬的承諾或錯失了重要的決策時刻。

I 要了解，有時衝突是難免的，不要刻意迴避，應該從面對衝突中去幫助彼此更加了解彼此，有時更有助於團隊的合作。

I 要謹記，有時細節就是關鍵，不過不拘小節很可能錯漏重要的關鍵，會讓部屬感到氣餒，甚至失去信心，這可是用個人的魅力與一味的和善都無法掩蓋的遺憾。

◆ I 面對 D 型部屬時

如果能善用彼此在速度與力度上的一致性，會是很好的輔助。

• 用樂觀與熱情去激勵 D 的動力

• 要給 D 清楚的工作目標

• 對 D 的強烈企圖心與積極性要多加包容，莫有明顯的好惡

• 不要介意成為 D 的追隨者，但在 D 偏離方向時要趕快指出

• 對 D 的錯誤莫大肆批評，要暗中協助

• 保持合作的強度，但不要一起衝得太快

• 不要只顧往前衝，要放心力在對工作的後續追蹤

◆ I 面對 I 型部屬時

如果能善用彼此的感覺與默契，會是很快樂的組合。

• 要注意時間的管理，不要因隨興而延誤了效率

• 要公私分明，不要讓私事影響了公事

• 要建立權威，不要讓隨和變成了隨便

• 要就事論事，不要對 I 人身攻擊

• 不要只是提意見，還要有方法

• 不要只是批評，要做出示範

• 不要只是要求，要以身作則

◆I面對S型部屬時

如果能把同樣對人的關心化為對工作的共識，會產生和諧的力量。

- 要為S指出明確的方向，如果能提供前例作為依循更好
- 以樂觀、自信作為S的後盾
- 要多點耐心來面對S的安靜與猶豫不決
- 嘉許S的耐性與忠誠，S會更有責任心
- 不要下了指示以後就不聞不問
- 不要任意投給S變化球，會讓S無所適從
- 不要過度重視感情，而忽略了事情

◆I面對C型部屬時

如果一個靈活創新、一個細心嚴謹，能各取所長，會產生互補的力量。

- 善用C的分析能力與精準度
- 給C信任，C會努力對得起這份信任
- 給C自主權，不要事事指點
- 回應C的問題，讓C認同，C會更認真
- 讚揚C的堅持，不要光看結果，還要看到過程
- 以「如何可以更好」的問題，刺激C的完美主義
- 不要質疑C在建立檔案管理上的努力
- 不要C去做溝通協調的工作

S 型領導者如何與各類型部屬互動

◆ S 型的領導特質

- 對人十分和善
- 溫和地表達情緒
- 做起事來慢條斯理
- 過分小心
- 隨和，比較沒有原則
- 會關心他人

S 身為主管，他的友善與敏感是極具協調性的，也因此他有極佳的人緣。但他的不夠堅持有時會阻礙了工作的推展。所以，如何增進工作效率，又能保持受到愛戴，正是他要努力追求成長的空間。

S 應該要在自己比較沒有原則的個性上，學著多一點承擔。

S 還是可以繼續用溫和的方式來表達情緒，但應該試著在更多的工作責任上多發表一些意見。

S 應該在慢條斯理的步調上加快速度，讓工作更能迅速地完成。

S 應該要在自己過分小心翼翼的個性上，嘗試冒一點風險，嘗試做一點改變。

◆ S 面對 D 型部屬時

這是一個部屬會強過上司的組合，要學習互補、找到平衡。

- 多與 D 溝通，找機會與 D 聊天
- 根據事實，勇敢與 D 據理力爭
- 讓 D 執行專案，善用 D 的開創力來突破格局

- 授權，讓 D 分擔工作、發揮積極性
- 不要讓 D 的氣勢壓倒領導者的威嚴
- 不要害怕 D 的成就凌駕過自己
- 不要因為 D 的片面爭取，而忽略了整體的公平性

◆ S 面對 I 型部屬時

這是一個有人情味的組合，但要一起學習以目標為導向。

- 要商量，不要下命令
- 要與 I 聯繫感情，建立信賴關係
- 讓 I 參與工作的企畫與所有過程
- 好好發揮 I 的溝通能力
- 要包容 I 不按牌理出牌的新點子
- 不必對 I 解釋太多細節
- 不要讓私誼影響工作品質
- 不要忘記對工作時效的要求
- 不要因為不敢要求，而讓自己攬下太多工作
- 記得多讚揚 I 的工作表現，把成果歸功於 I 的努力

◆ S 面對 S 型部屬時

這是一個彼此都被動的組合，要學習打開企圖心，作前瞻性的規畫。

- 告訴 S 那些會變？哪些不變？尤其是與保障有關的部分
- 充分信任，讓 S 因應任務而扮演好與任何人配合的角色
- 善用 S 的同理心，帶動團隊的和諧與凝聚力
- 讚賞 S 的穩定性是公司的重要資產
- 不要太含蓄，要把話向 S 說清楚
- 不要過度自責，而影響前進的動力
- 不要太過感性，要調整以理性看待未來
- 不要因下不了決策，而延誤了時效
- 不要過於保守，不要畏懼改變

◆ S 面對 C 型部屬時

這也是一個保守的組合，要學習放眼未來、開展格局。

- 多讓 C 談談關於 C 所知道的知識
- 多準備一些資料，別讓 C 感覺主管老是不進入狀況
- 勇敢的問話，刺激 C 思維分析的天賦
- C 不太容易主動尋找支援，要賦予謹慎的關心
- 不要有過多的模糊地帶
- 不要語多保留，讓 C 摸不著頭緒
- 要有力而清晰地回應 C 的問題
- 要想清楚原委邏輯，再與 C 溝通想法
- 切忌沒有明確的方向、不知為何而戰

C 型領導者如何與各類型部屬互動

◆ C 型的領導特質

- 凡事都講求精準，重流程
- 比較嚴肅和理性，沒有太多的口語表現和肢體動作
- 對品質的要求高　　　　・缺變通
- 就事論事

C 對品質優異的要求，就正面而言，常可激勵員工提升自我；但就反面而言，他的高標準也由於不易取悅，而常使員工遭遇挫折。應不要把自己的標準完全套在別人的身上。

C 的律己甚嚴的確是種美德，但她可以做得更棒的事，也就是減少提出批評的頻率，並減弱批判的強度，包括語言、語氣、表情與肢體等。

C 經常過於嚴肅，使得員工難於親近。應該偶爾從工作堆中走出來，花一點心力在與員工的互動上，以免喪失了激勵員工的機會。

C 太緊盯每一個流程，使得自己一直處在緊繃的狀態，應試著對一些細節睜一隻眼、閉一隻眼，要知道，這樣做對於工作的品質是無傷大雅的。

C 如果能學著有些事情不那麼完美主義，試著鬆綁太狹隘的價值標準、放寬好球帶，就可以減輕肩上的重擔，也可以舒緩員工的負荷了。

◆ **C 面對 D 型部屬時**

一個慢、一個快；都不太能包容對方，都視對方為競爭對手；但都能就事論事。

- 應將自己定位為「策略家」，著力在政策面的發展分析
- 在執行面，對 D 直接了當地說出想法，並委以信任，讓 D 放手去負責
- 授以一定的權限，用 D 的自信與行動力去開創新格局
- 建立 D 的回報機制與流程，以掌握突發的狀況
- 不要執著在義理之爭，而忘了彼此的身分與職位
- 不要表現得城府太深、凡事錙銖必較
- 不要有太多的規定，讓 D 覺得綁手綁腳

◆ **C 面對 I 型部屬時**

一個重視人、一個強調事，對速度的感覺有落差，容易牛頭不對馬嘴，要注意以互補來取得協調。

- 要重視 I 的點子、計畫與夢想，好的要當面加以表揚，不好的要委婉指出，但仍可讚賞其可取之處
- 面對 I 聯繫感情，建立信賴關係
- 原諒 I 有時會分心，因為 I 很容易受到干擾
- 別急著面對事情，先問 I 對這些事情的感覺與所帶來的影響

- 別與 I 討論細節,可把重要細節化為書面,再交給 I
- 別過度嚴肅,讓 I 過於緊繃
- 別只是講理,要注意 I 的心情與感受
- 別過於壓抑 I,要讓 I 舒暢的工作

◆ C 面對 S 型部屬時

可以良好的合作,互相發揮。

- S 是絕佳的幕僚,可以多多發揮 S 的輔助能力
- 專注在一件事上的目標一致,但要關注到大局
- S 不喜歡承擔所有責任,試著讓 S 可以有機會分工
- 善用大家對 S 的好感,在溝通及與人互動上發揮成效
- S 希望建立共識後才有所行動,這部分要幫助 S 完成
- 不要把自己不願意做的事,推給 S 去做
- 不要空於在策略上做規畫,卻沒有強力執行的能力,落得紙上談
  兵
- 不要忽略了在團體中的公平性

◆ C 面對 C 型部屬時

兩人都過於被動,但都重視數據,都有顆冷靜的心。

- 建立固定會議的機制
- 要有一方主動擔任溝通協調的人

- 不要太多的細節，要再精簡一些

- 增加部門內的聯誼活動，以增進彼此的了解

- 把對原則與細節的重視，轉移一點在對人的關注上

- 不要忘了感激團隊成員的貢獻

- 不要過度主觀

- 不要拒絕別人的意見

DISC 的團隊角色分工

在狀況不明或尚未達成共識時，透過這四種人有效的團隊激盪，可以更實際地掌握到現實的狀況，可以更快地抓到目標，可能在方法上有所突破，並確實付諸執行。

但如果目標明確，就看目的是什麼？重點在哪裡？然後再看由誰來主導。

D 型最具績效保證

D 著重實際行動且行動迅速，他總是看到機會而且毫不遲疑，他也會把成本與損益、風險與報酬率都一併考慮。他主持會議時的步驟緊湊，在清楚的議程下會快速地進行討論，而討論結果還會再分成一

 面對D型人要注意：

講求快速達成目標的 D，總是能快速地下決策、發派任務並要求在最短時間內交出成果。這樣的特質如果遇到較為複雜的問題，而無法很快得到結論時，缺乏耐心的 D 可能會選擇忽略一些相關資訊而依然快速地作出決定，而這樣的決定就可能會讓公司或員工踢到鐵板了。

個個的議題，然後分成各個工作小組再個別進行。

　　當然，小組的工作內容與完成時間都會有所排定，並且再透過一個個的會議向中心回報，以確保進度與績效。

Ｉ型最會帶動氣氛

　　只要有 I 在的地方，就充滿了歡樂與希望，雖然事後大家可能想不起剛才他說了什麼。或許還是捉摸不到實際的東西，但 I 就是有辦法讓現場 high 起來、把大家弄得很帶勁。所以 I 總是受到大家的歡迎，他的幽默感可以在無形中增加他的說服力。

　　如果要開會慶祝、要辦 event、要炒熱促銷氣氛，I 的活力絕對是第一把交椅。

 面對 I 型人要注意：

　　I 喜歡不按牌理出牌，他對會議中的既定議程並不在意，但如果要尋找解決問題的新方案，他可以激發出各式各樣的創意，而且會把衝突降到最低。但也因為時常無法專注在一件事情上，所以如果沒有刻意地控制方向，由 I 主導的會議很可能會不知所云，而工作團隊也會鬆散無成。

S型最能團結人心

　　因為 S 是這麼願意與別人和諧相處，所以在一個井井有條、同舟共濟的團隊裡最能有傑出的表現。

　　S 注重人際關係又不會忽略工作的進行，在 S 主持的會議裡，他會主動與成員們交換許多意見，當各方意見分歧時，S 會設法擺平，再把意見整合起來作為解決問題的方案，讓工作可以繼續朝著目標前進。

　　S 喜歡這種開放式的互動模式，這樣可以避免掉許多檯面上或檯面下的衝突，使團隊在相互合作中更能發揮綜效。甚至 S 還會隨時檢討反省團隊的運作情形，這正是 S 最特別之處所以如果要解決衝突及促進合作，S 常能不負眾望。

⚠️ 面對 S 型人要注意：

　　S 常常是事必躬親而不會授權，因此攬了太多事反而分身乏術，這樣的講求和諧與害怕衝突，有時會在不知不覺中拉長了工作的時間，會涉入太多雜七雜八的意見、甚至模糊了目標的焦點。可能搞到後來，會不知道該如何收尾。

C 型最擅長分析問題

C 是作計畫、抓問題的大內高手，C 總是能蒐集到一大堆的資訊，然後提出許多的問題。

C 所主持的會議，絕對是按照議程一步一步進行的，因為她總是最遵守規矩，而且她會搞清楚要做什麼？怎麼做？什麼時候做？為什麼要這麼做？等一切都搞定，她才會停止問問題。

由於 C 的思慮嚴謹，她對於細節依然一絲不苟的精神，使她對事能作出比較完整而嚴密的分析，包括價格、成本、市場行情、市場占有率……等量化的數據及種種經過調查的事實，同時將各項分析結果都詳列在評估報告中。

所以如果要對一項重大決策進行評估時，C 絕對是不二人選。

面對 C 型人要注意：

C 的分析經常曠日廢時，會讓工作效率嚴重拖延。有時太注重細節，反而使得格局有限。

DISC 的團隊階段任務

　　隨著團隊組成的時間演進，成員間的共識、默契與內在問題，都會產生不同的化學變化，此時所呈現出來的團隊特質也會跟著不一樣。

　　所以一個團隊的運作模式，不應該是一成不變的，而是要認清楚它的階段性生命。因為這些轉變的過程可能是危機，但如果能掌握住問題的重心，危機就會變轉機。

　　因此，成員們在每個階段面對不同的團隊特質時，自我也要隨著調整步伐，才能順利完成被賦予的任務，或讓團隊持續活化，延續生機。

第一階段

　　一個團隊初成型時，大家通常是有點茫然而找不到重心的，他們並不清楚這個組織的架構為何、如何運作、目標是什麼、以及自己的定位在哪裡？

　　大家可能會問：「我的角色是什麼？」、「我要做的是什麼？」、「我重要嗎？」、「我的投入值得嗎？」、「還有什麼人？」、「別人負責什麼？」、「我要聽誰的？」、「我得與誰配合？」等問題。

在或多或少有著相同或類似的問題之下，最需要有人幫忙撥開重重迷霧。

◆ C 型的理性分析

在一片紛亂中，C 最能抓到重點，C 所擅長的理性分析可以幫助釐清混沌不明的狀態，在複雜的情勢中找到事情的主軸與方向，然後循著主軸，規畫出有步驟的行動計畫。

在這些步驟下，大家就可以逐步發展出落實目標的實際做法。

◆ D 型的果斷決定

D 也是抓重點的能手，但他的方式比較直接，當大家的看法不一致時，D 會更明白的指出事實並且強力維護他的主張。

所以如果無法達成共識時，他會大膽的給予承諾或乾脆勸離，以讓團隊不被牽制，而能保持前進。

第二階段

在經過目標設立及藍圖規畫之後，這是一個進入真槍實戰的階段。

計畫開始付諸實行，許多問題開始浮現，例如：時間不足、資源有限、對外的溝通有障礙、內部的共識也產生渙散，有人覺得沮喪、有人覺得目標充滿困難等等。

這樣的感覺會慢慢醞釀、擴散，權力衝突的結果會使彼此都失去

信任感，此時如果只是不停地召開一些無用的會議，而沒有真正開誠布公地拿出來談，團隊也許還是繼續存在，但只會是個空轉的機器，實際的作用將陷入停擺。

在一片低迷中，最需要有人出來鼓舞人心，讓大家重新振作起來。

◆ I 型的友善樂觀

I 十分願意與人分享他的感受與想法，他不會像 D 只是單向的陳述，他還會聽聽別人的話，在互相的分享中，會因為開始有了交流而帶動希望，讓已經低沉的心又活絡起來。

一旦溝通之門被重新打開，成員間那種與團隊一體的參與感又會被找回來。

這就是 I 獨具的非正式領導的魅力，他可以讓大家感覺到這是一個可以繼續合作的團體，這是一個會顧及眾人利益的團體，並且每個人都是重要的，所以何必在意誰是發號施令者，重點是要摒除彼此的競爭，才能創造出共贏的最大利益。

第三階段

當大家的心願意再重新做回團隊的一分子，就是團隊要邁向真正的成熟的契機。這個時候各方的歧見還是會依然存在，而誠心的合作就顯得越來越重要。

在大家都有話要說的情況下，最需要一個耐心的傾聽者，來整合

大家的意見。

◆ S 型的開放胸襟

S 的柔軟與溫暖，常能卸下別人的心防，讓人們打開心說出真正的想法。而 S 甚具適應性的能力，很能在眾多分岐中協調出符合眾人利益的方法。

當個人間的差異能夠互相融合，成員們也開始意識到「別人」而不只是「自己」，那麼團隊的綜效就會發揮威力，讓實際達成的目標與原先設定的目標拉近距離。

第四階段

經過一段時期的磨合，一個成熟的團隊已經成型，每個人都樂於成為團隊的一分子，他們已熟悉如何與他人共事，也更懂得如何自我管理。

但是意料之外的事情仍然會接踵而來，而彼此間的差異也永遠不會消失，這時候需要有更高度的智慧來幫助大家保持在平和的士氣中，讓工作穩定地進行。

◆ DISC 的共同努力

他們不需要經由強勢的手段來主導全局，他們可以透過審慎的評估來做出團體的決定，他們不再視彼此的差異為畏途，反倒可以在其

間迸發出更多的創意與活力。

　　沒有誰是真正的主角、誰是跑龍套的配角，在兩兩溝通的當下，每個人都在發揮潤滑機具的功能，每個人都在扮演螺絲釘的角色，也都有撐起全局的舉足輕重的地位。

　　當大家都能認識自己、讚賞別人並善用彼此的能力時，這將是團隊發揮績效的高峰期，工作的質與量都將有所斬獲，團隊將不斷提升、個人也將不斷成長。

　　為了幫助大家了解 DISC 在人力資源的各種測評內容，我們特地舉用了英國 Axiom 公司所研發出來的人格特質軟體來說明。並且讓大家了解，透過現代科技的工具，如何來發現一個人的才華、了解自己的天賦、幫助自己在生涯中找到最適合的位置。

　　同時也告訴大家，企業如何運用這套系統來做知人善任、職務輪調、核心職能建立、以及培訓規畫等。

　　我們仍要再次提醒每一個讀者，DISC 沒有好壞，只是我們希望大家能夠更靈活地運用已有的特質，同時也能夠找到自己可以努力的方向，學習接納與你不同觀念的人，也與這些人真誠合作，打開自己與團體的格局。

為了幫助讀者了解 DISC 在人力資源的各種測評內容，我們特地舉用了英國 Axiom 公司所研發出來的人格特質軟體來說明。透過現代科技的工具，要如何發現一個人的才華、了解自己的天賦、並幫助自己在生涯中找到最適合的位置？同時也告訴讀者，企業如何運用這套系統來做知人善任、職務輪調、核心職能建立、以及培訓規畫等有效的利用。

常見之DISC
特質分析

1. 支配度獨大（高 D）

綜合特質
- ✓ 常被稱為「獨裁者」
- ✓ 掌控欲強
- ✓ 非常需要成就感
- ✓ 好勝
- ✓ 有企圖心
- ✓ 為達到目標而奮力向前
- ✓ 活力充沛
- ✓ 適應力強
- ✓ 個性果斷
- ✓ 善於直接領導

人際關係
- ✓ 強調功績與成就
- ✓ 純粹是為了達成自己的個人目標
- ✓ 不太重視自己或他人的感覺
- ✓ 能看見挑戰與機會
- ✓ 克服天生的疑心病

共通才能
- ✓ 善於領導統御
- ✓ 其領導風格較適於有組織的正式情況
- ✓ 是能幹、有自信的決策者
- ✓ 掌握少許資訊，便可以當機立斷
- ✓ 在難忍的高壓環境中如魚得水
- ✓ 具有出乎常人的抗壓能耐

激勵因子
- ✓ 喜歡掌握全局的感覺
- ✓ 尋求強化其個人權力的機會
- ✓ 以豐功偉業衡量自己的價值
- ✓ 困難無法解決時，會感到極大的挫折感
- ✓ 會為舒緩壓力而做出瘋狂舉動

參考圖例

D I S C

2. 影響度獨大（高 I）

綜合特質
- ✓ 核心是「溝通」
- ✓ 向外、友善且有自信
- ✓ 重視與他人的接觸
- ✓ 重視正面關係的培養

人際關係
- ✓ 人際交往是影響度高者的專長
- ✓ 對自己的社交能力有自信
- ✓ 強烈而明顯的自信心
- ✓ 對他人想法與感覺的真誠關切
- ✓ 受到周遭人的歡迎
- ✓ 願意接納別人
- ✓ 在任何場合中正面互動

共通才能
- ✓ 最獨特的能力就是溝通
- ✓ 是有力的溝通者
- ✓ 具備傳達意見的決心
- ✓ 能憑直覺了解他人
- ✓ 能因應新的情況

激勵因子
- ✓ 會受到人際關係的激勵
- ✓ 必須感到受他人接納
- ✓ 讚美和認同會讓這類人印象深刻
- ✓ 摯友的看法或反應最為重要

參考圖例

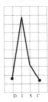

D I S C

3. 穩健度獨大（高 S）

綜合特質
- ✓ 穩健度極高，且無其他變數與其抗衡
- ✓ 東方社會人數較多
- ✓ 代表的是冷靜，有耐心及些許的開朗態度
- ✓ 會依賴較獨斷者的領導
- ✓ 能夠接納他人的看法
- ✓ 珍惜與他人間的正面互動
- ✓ 天生不外向
- ✓ 非常友善且熱心

人際關係
- ✓ 希望善交際者能主動與其建立關係
- ✓ 外觀既穩重又可靠
- ✓ 適於維持人際關係
- ✓ 並非主動與人接觸
- ✓ 交際圈小且好朋友少，但彼此的關係卻非常緊密

共通才能
- ✓ 能夠以「支持」摘要之
- ✓ 善解人意
- ✓ 毅力極不尋常
- ✓ 能夠自制且有耐心地穩步向前，直到任務完成為止
- ✓ 面對艱難的工作，會展現出超乎尋常的因應能力
- ✓ 忠心又可靠
- ✓ 善於聆聽與輔導

激勵因子
- ✓ 耐性是這類型人的激勵因子
- ✓ 需要周遭人的支持
- ✓ 必須感到時間充足，足以因應新的情況
- ✓ 天生不喜歡改變
- ✓ 有機會就會選擇維持現狀

參考圖例

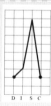

D I S C

4. 謹慎度獨大（高 C）

綜合特質

- ✓ DISC 中最複雜的變數
- ✓ 天生被動，既沉默又冷淡
- ✓ 缺乏主見及迴避衝突的個性使他們很難直接達到目的
- ✓ 自制的個性
- ✓ 不願多談自己或心中的想法
- ✓ 企圖心強且目標遠大
- ✓ 會運用既有的架構與規則完成目標
- ✓ 會透過規則、權力與邏輯影響他人

人際關係

- ✓ 社交能力很少是其中之一
- ✓ 被動的社交方式與某種天生多疑的性格，使他們不易與別人建立或維持緊密的關係
- ✓ 友誼或緊密關係通常植基於共同利益或目標，而非情緒的考量上

共通才能

- ✓ 通常能自給自足
- ✓ 有特定的思考模式
- ✓ 善於整理事實、處理細節或因應複雜系統
- ✓ 穩健度低
- ✓ 腦筋動得快，能提供有效的意見
- ✓ 沉默寡言的個性，使他們只有在別人當面要求時才願開口

激勵因子

- ✓ 「確定性」對遵從度高者的激勵效果相當大
- ✓ 先清楚確認自己的地位，以及周遭人對他們的預期，才願意繼續前進
- ✓ 極不願意承擔風險，除非確定風險，否則極少採取行動

參考圖例

D I S C

5. 高支配度與高影響度（高 D、高 I）

綜合特質
- ✓ 非常獨斷，可視情況採取直接的有力行動
- ✓ 希望自己受到同事真心的尊重與喜愛
- ✓ 迷人的社交手腕
- ✓ 知道自己的人生目標為何
- ✓ 試圖取得支配權
- ✓ 有力的人格又稱 Z 檔案
- ✓ 有完成任務的決心與毅力

人際關係
- ✓ 社交能力強
- ✓ 溝通時極有說服力
- ✓ 有辦法展現迷人的魅力
- ✓ 有時會展現出嚴厲且難以忍受的個性
- ✓ 外向且步調快
- ✓ 不怕衝突，勇於直接面對問題，絕不推諉退縮

共通才能
- ✓ 勇於挑戰
- ✓ 能在別人感到無法忍受或過於艱困的環境中成長茁壯
- ✓ 為了滿足成就感，願意承擔任何風險以獲得成功與認同
- ✓ 積極自動的態度
- ✓ 具有超乎其他作風者的衝勁與活力

激勵因子
- ✓ 成功與認同便是激勵因子
- ✓ 受到挑戰的激勵
- ✓ 設定遠大的目標與企圖心
- ✓ 就算無法全力以赴，他們也會不斷地朝目標邁進
- ✓ 工作與生活中都有成就感才會感到滿足

參考圖例

6. 高支配度與高穩健度（高 D、高 S）

綜合特質

- ✓ 機率趨近於零
- ✓ 相反的價值與激勵因子，以致很難看出一個人如何能有效地將其融合

人際關係

- ✓ 支配度與穩健度皆高者視情況做出調整
- ✓ 若他們覺得旁人可以信任，就會表現出較友善的一面

共通才能

- ✓ 既專注又務實
- ✓ 有始有終
- ✓ 專心一致地達成目標
- ✓ 嘗試在合理的時間內完成任務
- ✓ 重視小心的計畫
- ✓ 面對時間壓力時，會變得比較急切且嚴厲

激勵因子

- ✓ 與支配度有關的激勵因子為「控制」與「權力」
- ✓ 穩健度則代表著「確定性」與「避免改變」
- ✓ 運用其一切權力保持現狀，並避免突然的改變

參考圖例

D I S C

7. 高支配度與高謹慎度（高 D、高 C）

綜合特質
- ✓ 一板一眼且有條有理
- ✓ 強勢且直接的性格
- ✓ 認為事情做對最重要
- ✓ 敢於毫無遮攔地說出心中的想法
- ✓ 最討厭談及個人與情緒方面的事務
- ✓ 有些孤僻
- ✓ 傾向解決自己的問題

人際關係
- ✓ 簡潔有力
- ✓ 只談實際的事務
- ✓ 極不信賴他人，除非絕對必要，否則會把實情藏在心中

共通才能
- ✓ 受到成就與效率的激勵
- ✓ 高遵從性使他們也會注意到細節與精確度
- ✓ 效率與精確度也可能產生效率
- ✓ 獨斷直言的個性，也使他們能夠以強勢作為完成艱鉅的任務

激勵因子
- ✓ 希望自己功成名就
- ✓ 也渴望能正確、迅速地完成任務
- ✓ 個性沉默，因此很難看出能夠激勵的因子為何

參考圖例

DISC

8. 高影響度與高穩健度（高 I、高 S）

綜合特質
- ✓ 著重的是感覺與情緒，而非證據與現實狀況
- ✓ 會以個人事物與了解他人為導向
- ✓ 自信滿滿，同時溫暖且友善
- ✓ 體諒他人，盡力協助解決問題

人際關係
- ✓ 可能最會交朋友 　　　✓ 善於交際
- ✓ 友善的個性也使他們能夠輕鬆地面對陌生人
- ✓ 迷人且說服力強，在必要時，穩健的他們也能抱持著開明輕鬆的態度
- ✓ 以較被動方式接受旁人的想法與感覺，而不再如此積極、直接

共通才能
- ✓ 善於溝通與了解他人
- ✓ 體貼且富同情心，因此適合扮演支援的角色
- ✓ 能有效率地交際或說服他人

激勵因子
- ✓ 試圖避免衝突、排斥或對立
- ✓ 善用溝通能力，必須覺得自己處於有力的環境，且周遭人都很寬容、支持
- ✓ 顧問型唯有感受到旁人的謝意、尊重及喜愛時，才能被充分激勵
- ✓ 會做出不尋常的事以博取他人的注意

參考圖例

D I S C

9. 高影響度與高謹慎度（高 I、高 C）

綜合特質

- ✓ 影響度涉及興奮、喜悅與外向的衝動
- ✓ 遵從度與精確、細節與謹守規定有關
- ✓ 環境輕鬆、開明且有利時，其中一種性格（影響度）會出現
- ✓ 情況較正式且有組織時，另一種性格（謹慎度）會出現

人際關係

- ✓ 社交方式取決於見面時的情況
- ✓ 「派對」情境下，能展現出外向且有自信的行為
- ✓ 在正式的工作環境中，上述的自信心會明顯地消失
- ✓ 表現出遵從的個性

共通才能

- ✓ 這些才能不會同時出現
- ✓ 主管想從他們身上看到某種行為，最好的辦法就是創造有利於該行為的工作環境
- ✓ 樂於溝通的情況會較沉默、謹慎的行為常見

激勵因子

- ✓ 影響度高代表對注意和認同的渴望，高謹慎度卻使他們不願表露這種需求，而是以較細微謹慎的方式發出訊號
- ✓ 會確認自己的地位，並查明周遭人的預期

參考圖例

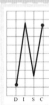

DISC

10. 高穩健度與高謹慎度（高 S、高 C）

綜合特質
- ✓ 通常被稱為「技師」
- ✓ 適合會計、工程師或程式設計等工作
- ✓ 個性準確與精確，且有耐心持續到問題解決為止
- ✓ 對高品質的工作有興趣
- ✓ 冷靜且理性
- ✓ 舉止看來漠不關心，卻對個人或情緒問題有一定程度的了解
- ✓ 團體中鮮少發表意見，也不會單獨行動

人際關係
- ✓ 不善於交際，在陌生的環境中尤其如此
- ✓ 重視友誼與緊密的關係
- ✓ 卻經常戴著冷漠的、保守的面具
- ✓ 為能與旁人有效互動，會尋找較直接且外向的人
- ✓ 由對方展開並掌握人際的互動

共通才能
- ✓ 天賦和專長是處理複雜的系統和程式
- ✓ 高穩健度使他們有耐心與毅力
- ✓ 相對應的高遵從度則帶來了秩序與精確度
- ✓ 由於他們關心品質及產能，因此具備特殊的技巧或知識

激勵因子
- ✓ 需要充裕的規劃時間，使工作結果符合其標準
- ✓ 希望以平穩的步調工作
- ✓ 厭惡所有干擾或中斷進度的事
- ✓ 尋求確定性，並想知道其表現能否符合同事或主管的預期
- ✓ 喜歡與旁人保持正面關係
- ✓ 希望感到被接受，情況有利時可能會展現意想不到的開放作風

參考圖例

D I S C

11. 高支配度、高影響度與高穩健度（高 D、高 I、高 S）

綜合特質
- ✓ 缺乏遵從度，表示獨立性是此作風的關鍵
- ✓ 清楚知道自己的人生目標為何，具有力量及意志實現該目標，並努力不懈地達成目標
- ✓ 包含了友善開放的一面，但高支配度表示他們其實也保有決心與主見

人際關係
- ✓ 影響度與穩健度都與交際有關
- ✓ 能輕易地與別人打成一片
- ✓ 具備與陌生人融洽相處的自信心
- ✓ 非常獨立，但卻可能大費周章地維護自我
- ✓ 為自己的想法辯解

共通才能
- ✓ 善於社交，既穩固又可靠
- ✓ 具備主動的意願和決斷力　　✓ 責任感很強
- ✓ 自給自足的天賦也使其成為有效的催化劑
- ✓ 耐心與決斷力使他們成為有價值的稀有族群
- ✓ 有辦法拿出結果
- ✓ 善於在做決定前仔細地評估各個選擇

激勵因子
- ✓ 希望對自己的前途有所掌握
- ✓ 找機會實現自己的目標
- ✓ 當自己的目標與旁人的需要有所衝突時，他們願意放慢自己的腳步

參考圖例

D I S C

12. 高支配度、高影響度與高謹慎度（高 D、高 I、高 C）

綜合特質
- ✔ 反應快與性子急是這類型人格的首要特徵
- ✔ 個性有衝勁且沒耐心
- ✔ 自制且有企圖心，但在較輕鬆開放的情況下，具備了純熟的社交技巧

人際關係
- ✔ 會視社交情況的正式程度而言
- ✔ 比較輕鬆的社交情況下，會表現的友善活潑
- ✔ 一般而言較積極且放得開
- ✔ 環境較正式且嚴密時，會表現的較直接且堅定，自制又有主見

共通才能
- ✔ 會視環境決定要迷人、有活力，還是直接、不囉嗦

激勵因子
- ✔ 激勵作用來自個人的企圖心、他人的認同感與地位的確定性
- ✔ 盡量調整這類型人的工作環境，以激發其最適職的潛能，是較有益的方式

參考圖例

D I S C

13. 高支配度、高穩健度與高謹慎度（高 D、高 S、高 C）

綜合特質

- ✓ 這類型人的最大不同之處就是影響度低，這表示個性務實、理性，較不會將情緒的層面納入考量
- ✓ 不願多談私事或個人的想法及感覺
- ✓ 在敵對或艱難的環境中，他們的支配與獨斷的個性會浮現
- ✓ 壓力較緩和的情況下，會展現出較放鬆（且不獨斷）的態度

人際關係

- ✓ 具備此個性者較不重視交際
- ✓ 不是因務實而回應他人，會被動地接受他人的批評或建議，而非主動、直接地表達意見
- ✓ 若情況開始惡化，他們主動提供建議的機率會大幅提升，但人際間的溝通意願會相對地降低

共通才能

- ✓ 要求的是結果與產能
- ✓ 善於處理事實與複雜的系統
- ✓ 重視效果與效率
- ✓ 會將其應用在工作與日常生活中
- ✓ 很清楚自己的人生目標為何，有必要時會願意等待
- ✓ 謹慎且有耐心的個性，也免去了許多無謂的冒險或衝動行為

激勵因子

- ✓ 各因子的表現方式會視情況而定
- ✓ 激勵因子包括：達成目標、因應變化的時間、充分了解事實細節、避免風險

參考圖例

D I S C

14. 高影響度、高穩健度與高謹慎度（高 I、高 S、高 C）

綜合特質
- ✓ 代表了一種多樣化的人格
- ✓ 低支配度是這類型人的共同點之一
- ✓ 鮮少展現出獨斷或直接的行為
- ✓ 會經由說服或理性溝通達到目的
- ✓ 沒有野心，幾乎不為自己設定清楚的人生目標
- ✓ 僅喜歡與他人建立緊密的關係，並滿足自己的興趣與嗜好
- ✓ 絕佳的團隊成員，既友善又願意配合，同時願意接納他人的想法

人際關係
- ✓ 長處在於溝通
- ✓ 可在人際交往方面帶來幾個優點
- ✓ 影響度代表著外向友善的性格，穩健度則與耐性和聆聽技巧有關
- ✓ 遵從度使這類型人較為理性，說話時架構嚴密且具說服力

共通才能
- ✓ 長處在於人際溝通管理
- ✓ 注重團隊精神，並願意接納他人意見
- ✓ 有自信扮演積極的角色
- ✓ 有辦法展現出外向的個性，但也願意接收並接納旁人的看法

激勵因子
- ✓ 沒有野心，鮮少設定特定的人生目標
- ✓ 平常的快樂與滿足感，其中包含明確的地位、適時的時間與正面溫暖的人際關係，最能使他們受到激勵

參考圖例

D I S C

在團隊中，有的成員自信滿滿、有的含蓄而不獨斷，也有許多沒有主見的成員，我們可以透過審慎的評估來做出團體的決定，不再視彼此的差異為畏途，並思考如何經由有效的整合，才能使團隊產生正向的動力與創意，這是值得深思的課題。而成員在面對不同的團隊特質時，也要隨著調整步伐，才能完成任務，讓團隊持續活化，延續生機。

Chapter

5

DISC如何解決
團隊問題

✦ DISC 測驗報告範例 ✦

目　的：了解自己的人格特質、了解員工的人格特質
執行者：求職者、大學生涯輔導中心、人力銀行
版　本：DISC 個人版（典型版）

範例 ❶

| 丁勝強 | **Axiom Discus 應試者報告** | 封面 |

由 DISC 行為科技中心 02-2656-2519 測試
授權單位　實踐家教育集團

應試者於 2016 年 11 月 19 日週六之分析
問卷：短句式
2016 年 11 月 19 日週六所列印之報告

應試者　丁勝強先生
地址　臺北市內湖區內湖路 ************
臺北市
臺灣
114
電話　02-****-*****
傳真　02-****-*****
性別　男性
出生年月日　1974 年 8 月 10 日

───────── **個人與隱私** ─────────

重要：任何單純的行為測試工具應該搭配其他如面試等手法，才能進行新進
人員的召募或職務調整的決定。

內在分析表

　　反應應試者的真實動機和渴望的最高點，代表著你最自然真實的內在動機和欲求。這類型的行為經常外顯於工作環境或者當個人處於壓力狀態之下，這種行為之所以常在你處於壓力時顯現，是因為你沒有「空間」或時間調整行為。

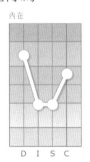

支配型 74％

影響型 34％

穩健型 34％

謹慎型 59％

 外在分析表

　　外在分析表描述應試者認為自己應呈現的理想行為。這種圖形通常代表個人試圖在工作中採用的行為類型。

支配型 61％

影響型 76％

穩健型 31％

謹慎型 52％

 總結分析表

真實世界裡，應試者通常會表現出與內在分析表（直覺行為）及外在分析表（視現狀調整的行為）這兩種分析表一致的行為。總結分析表是這兩種描述個人正常行為圖形的綜合。

支配型 60%

影響型 59%

穩健型 31%

謹慎型 57%

轉換模式

轉換模式圖形顯示應試者的內在和外在分析表之間的改變，並凸顯應試者正在進行的性格調整。

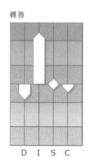

支配型　向下轉換 13%

影響型　向上轉換 42%

穩健型　向下轉換 4%

謹慎型　向下轉換 7%

丁勝強

Axiom Discus 應試者報告

作風卡

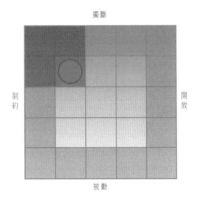

作風名稱：中立型發號施令者
主要特性：主動和自制

　　像這種獨斷制約類型的應試者可以被描述為「發號施令者」。這種行為類型是對應到 DISC 的「支配型」因子所敘述的直接、要求高的人，他們具有強烈的企圖心，並且在與人相處時非常好勝。

◆概　　述：獨斷
　　　　　　直接
　　　　　　野心勃勃
　　　　　　好競爭的
◆重　　視：結果
◆追　　尋：權力
◆迴　　避：軟弱
◆壓力反應：支配
◆態　　度：有效率的
　　　　　　反應靈敏的
◆策　　略：權力

 特性分析

◆永久特性

在勝強的分析表中有幾項常見的特性，這表示這些特性經常顯現在他的行為當中，也可能影響他的態度。勝強的分析表指出下列永久特性：

- 自動
- 敏銳
- 熱忱
- 客觀性
- 獨斷性
- 獨立

◆潛在特性

這些特性是勝強的個性中原有的部分，但是他似乎不認為這些特性適合於他的目前工作環境。這些特性會偶爾顯現，例如在遭遇壓力的狀況下。勝強的分析表指出下列潛在特性：

- 效率
- 準確
- 縝密

◆暫時特性

勝強似乎認為這些特性適合他的目前工作環境，因此會在他的行為中加以強調。暫時特性就如同字面上的意思一般，通常表示短期的行為調適。勝強的分析表指出下列暫時特性：

- 自信
- 友善
- 傾向社交性

Axiom Discus 應試者報告
丁勝強
特性及分析表壓力

◆非顯性特性

這些特性通常不會出現在勝強的任一方面行為中。雖然這些類型的行為不完全不會出現在勝強的個性中，不過當他遵循這些行為模式時，則有些不尋常。勝強的分析表指出下列非顯性特性：

- 配合　　　　　 • 潛在專業性　　　　 • 堅持
- 耐心

 ## 分析表壓力

「分析表壓力」顯示勝強認為需要將他的個性融入他的目前工作環境到達何種程度。此壓力可能會在某些狀況中導致造成壓力的負面影響，特別是在勝強的個性不適合進行此類調整時更是如此。

下圖顯示勝強的目前分析表壓力，並估計他的調適力，以便進行比較。必要時也顯示調適的最主要可能原因。

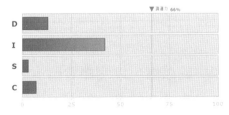

可能來源：因為需要與人互動而分神。

 概述

由於勝強的主要行為特質都不顯著，要對他的行為模式下一個較確定的結論幾乎是不可能的。

現有的資訊指出勝強是一個主動且天生敏感的人。這表示他常能意識到他人所忽略掉的小地方，不過也代表著他無法專注於平凡的事物及無趣的工作。

總結

D I S C

總結分析表：勝強的個性綜合概觀。

 行為調適

從勝強的分析表中的改變可以明顯看出，他正努力在工作環境中展現自我的肯定與善於表達的態度。然而，他的結果顯示出這種善於社交的個性並不該存在於他的天性之中，但因為他感受到目前的職位需要這樣的態度，所以才這麼做。如果對這種善於溝通的態度的需求

降低了，這樣的態度就可能會減弱，甚至被較為謹慎、精確型的態度所取代。

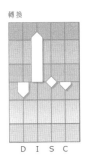

轉換模式：對於目前工作環境的調適。

 長處

　　勝強的作風中的主要優勢是他行動與應變能力的速度。他能很快速地評估一個情況，並準備採取獨立行動來解決問題（雖然理想上，他希望能在將自己的想法付諸實現之前，先徵詢他人的意見）。

　　他有相當外向又善於社交的特質，但對他人的需求也很敏感。他樂於接受新鮮的想法與經驗，並能在需要的情況下有自己的獨創性。

總結分析表：勝強的個性綜合概觀。

 短處

　　沒有耐性是勝強最與人不同的特質。這樣性急且沒耐心的態度有許多壞處，例如，當整個計畫不能馬上看到效果時，他就不願再堅持下去，或者是他的注意力集中的時間通常很有限。

　　勝強的分析表中沒有一項因子是高的，就這點來說是一大劣勢。一般來說，當分析表中看不出任何主要的特性時，這同時指出這個人缺乏被激勵或者缺少至少某種程度的醒悟。

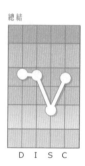

總結分析表：勝強的個性綜合概觀。

溝通作風

　　儘管勝強具有壓抑的天性，還是可以從中找出他的溝通型態裡最重要的特質。其特質有二：首先，他是一個出色的社交者，喜愛他人的陪伴，顯露出一種外向的態度，雖然不是非常外向；其次，他著重訊息的精確，這點明顯地影響到他與別人的溝通方式。他會希望他的同事們考慮他的意見，同樣地也希望隨時被告知工作進度。

總結

D I S C

總結分析表：勝強的個性綜合概觀。

 **作決策**

　　勝強的行為對他人所造成的影響是他的決策過程中的一項重要因子：他很少做出會得罪別人的決定。他的做事節奏明快、有衝勁，但是在某些情勢之下，他可能會憑著個人的衝動做出決定，而不是依據對事實的客觀判斷。

　　勝強的分析表顯示出在他的決定過程中，他正採取一種比較和善

而社交化的態度。儘管他的本性明確地顯示他希望能夠快速而有效率地做出決定，但另一方面從他的分析表中的轉換可以看出：他正努力調整在決定行動之前，能夠將別人的需求多納入考慮。

　　在工作環境中，勝強的自信和社交能力的提升似乎和做決定沒有太大的關連。然而，他的這些行為的轉變，將會間接地影響他的決策品質。當個人太過重視他的社交活動時（就勝強來說），很自然地，他會開始忽略評估問題精確度的重要性，也就是說，他往往會更依賴直覺，而不去細加思索便作出判斷。

外在分析表：對於目前工作環境的反應。

📊 組織和規劃

　　勝強熱情洋溢卻缺乏耐性的個性，使他不容易專注在縝密的規劃和有效率的組織當中。他的傾向是憑衝動行事，依自己對狀況的感覺來反應，並相信自己的社交能力可以幫助處理可能發生的困難。

勝強目前最重視的是社交生活，因此減低了他的果斷力，不過這個轉變不像會對他的規劃或組織能力造成重大的影響。

從勝強的行為轉變中可以看出組織和規劃不是他目前工作的重要部分。事實上，他正逐漸加強他的信心和社交能力，因而失去他較謹慎、精確的一面。這也說明了在理想的情況下，他可以成為一個比以上評述來的更有效的規劃者。

外在

D I S C

外在分析表：對於目前工作環境的反應。

 激勵

要求高且主動的勝強在面對挑戰或機會時最能表現最好的一面。他有企圖心，也喜歡競爭，如果他受到了激勵，他需要有一個出口能夠讓他宣洩。對他而言，僵化的規定或必須仰賴他人的環境是非常令人感到沮喪的。

基於勝強的行為調適，他可能不像這些評語中所呈現的那麼好競

爭且有決心。這很可能是因為他目前正在增強他的本性中友善而敏感的一面，但事實上比起他目前行為所顯示的，他很有可能因為目標的達成而更容易受到激勵。

　　在目前的情況，勝強會表現出比實際上更外向、更自信的行事態度。因此，他可能不太需要外來的協助。但有一點必須強調的是，他目前的這種具社交性的特質來自於他對自己的行為調適，並非他的真正本質。事實上，若讓他回復到原本比較有條理而謹慎的本質，如果他需要表現得更有效率，便會要求將自己的職務再釐清一些。

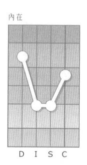

內在分析表：自然反應及基本動機。

📊 管理作風

　　勝強是個優秀的溝通者，能有效地傳達自己的理念和指示，喜歡在工作場所營造合作而不是權威的工作氣氛。就管理上來說，可能會產生一個困難：他有時會毫無預警地改變心意，而這種傾向對他的部

屬來說是相當困難的。

　　勝強目前的管理風格較為團隊取向，並且願意接納意見。其實他原本的風格應該是較為有效率且著重結果的，只要在壓力下，他就會回復到原本較為果斷的管理技巧了。

　　就勝強的例子來說，他輕鬆、開放的風格反應了他對組織需求的了解，或者也反應了他對如何有效管理部屬的看法。不管是哪種情況，值得注意的一點是──那都不是他所偏好的管理風格，事實上他比較習慣有條理、有組織的管理作風。

外在

D　I　S　C

外在分析表：對於目前工作環境的反應。

所需之管理作風

　　勝強同等重視行事自由和個人責任，如果他覺得自己能夠充分掌握工作，就會有最佳的表現。他的驅動力來自於挑戰和旺盛的企圖心；相對地，無聊的、沒有回饋的工作會令他洩氣且失去動力。他是個要

求極高的人，因此他的主管必須小心注意，以確定勝強不會獨占他們太多的時間，或者甚至威脅到他們的地位。

　　勝強正在調適他的行為作風，以期展現一種更為開放與善於接納的特性，然而，他仍然會為達到自己的人生目標而得去面對實際的問題。

　　勝強的分析表指出，或許現在不需要，但事實上如果他的主管肯花些時間就他的職務做討論和說明，他會受益良多。

　　更明確地來說，如果他覺得連一些不太重要的問題都能向他的主管請示，他會工作得更有效率一些。雖然他現在看起來可能蠻有自信的，他還是會藉由表達他的想法或結論的方式，來表現他對管理階層支持的重視。

內在分析表：自然反應及基本動機。

工作配對分析

　　此特殊工作配對分析已經以評估模式編譯，適合配對應試者的行為作風，以得知他們目前所司的類似職位。包括來自所有可用類別的工作分析程式。

◆適合：

現場經理（管理）……………………………………………89％

行銷部主任（執行）…………………………………………85％

行政經理（管理）……………………………………………84％

零售業務員（業務）…………………………………………84％

客服部經理（管理）…………………………………………82％

業務經理（管理）……………………………………………81％

◆可接受：

通信員（一般）………………………………………………77％

業務代表（業務）……………………………………………76％

人力資源主管（行政）………………………………………74％

個人助理（行政）……………………………………………73％

常務董事（執行）……………………………………………73％

企業家（一般）······················70%

◆或許可接受：

談判員（一般）······················67%

電話業務員（業務）··················64%

直銷業務員（業務）··················63%

業務主任（執行）····················63%

查帳員（行政）······················60%

◆不適合：

公司祕書（執行）····················59%

系統分析師（技術）··················59%

祕書（行政）························59%

接待人員（行政）····················59%

廠長（管理）························59%

軟體設計師（技術）··················55%

品管部經理（管理）··················54%

財務長（管理）······················54%

財務人員（管理）····················54%

資訊技術部經理（管理）··············54%

Axiom Discus 應試者報告

丁勝強

工作配對分析

管理者（一般）·····················54%

簿記（一般）·······················54%

作業員（行政）·····················49%

訓練員（行政）·····················49%

專案經理（管理）···················49%

會計（行政）·······················49%

電腦維修工程師（技術）·············49%

分析師（一般）·····················44%

店員（行政）·······················44%

品管人員（行政）···················44%

電腦程式設計師（技術）·············39%

網路管理員（技術）·················39%

✦ DISC 測驗報告範例 ✦

目　的：面試、召募、職務輪調、生涯發展、員工激勵
執行者：企業人資部門或管理部門
版　本：DISC 個人版（增強版）

範例 ❷

施必勝	**Axiom Discus 應試者報告**	
（總經理）		封面

由 DISC 行為科技中心 02-2656-2519 測試
授權單位　實踐家教育集團

應試者於 2016 年 11 月 19 日週六之分析
問卷：短句式
2016 年 11 月 19 日週六所列印之報告

應試者　施必勝先生
地址　臺北市內湖區內湖路 ************
臺北市
臺灣
114
電話　02-****-*****
傳真　02-****-*****
性別　男性
出生年月日　1966 年 8 月 15 日

―――――― **個人與隱私** ――――――

重要：任何單純的行為測試工具應該搭配其他如面試等手法，才能進行新進
人員的召募或職務調整的決定。

施必勝	**Axiom Discus 應試者報告**
	DISC 系列分析表

內在分析表

　　內在分析表反應應試者的真實動機和渴望的最高點，代表著你最自然真實的內在動機和欲求。這類型的行為經常外顯於工作環境或者當個人處於壓力狀態下，這種行為之所以常在你處於壓力時顯現，是因為你沒有「空間」或時間調整行為。

內在

D I S C

支配型 74%

影響型 21%

穩健型 43%

謹慎型 68%

外在分析表

　　外在分析表描述應試者認為自己應呈現的理想行為。這種圖形通常代表個人試圖在工作中採用的行為類型。

外在

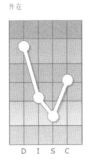

D I S C

支配型 79%

影響型 38%

穩健型 23%

謹慎型 52%

總結分析表

真實世界裡，應試者通常會表現出與內在分析表（直覺行為）及外在分析表（視現狀調整的行為）這兩種分析表一致的行為。總結分析表是這兩種描述個人正常行為圖形的綜合。

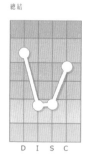

總結

支配型 73％

影響型 30％

穩健型 31％

謹慎型 62％

D I S C

轉換模式

轉換模式圖形顯示應試者的內在和外在分析表之間的改變，並凸顯應試者正在進行的性格調整。

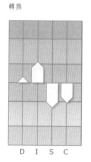

轉換

支配型　向上轉換 5％

影響型　向上轉換 17％

穩健型　向下轉換 20％

謹慎型　向下轉換 16％

D I S C

施必勝

Axiom Discus 應試者報告

作風卡

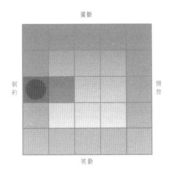

作風名稱：制約
主要特性：制約

　　介於「分析者」和「發號施令者」之間的是「制約」的行為類型。
就如其名稱所顯示的，具有這種作風的人非常地自制，不喜歡透露與
他們本身或其想法有關的資訊。他們會視當時情況而顯現出獨斷或是
被動的態度。

　　◆概　　述：謹慎的
　　　　　　　　獨斷
　　　　　　　　精準的
　　　　　　　　直接
　　◆重　　視：程序，結果
　　◆追　　尋：事實，權力
　　◆迴　　避：不確定性，軟弱
　　◆壓力反應：逃避／支配
　　◆態　　度：精確的
　　　　　　　　有效率的
　　◆策　　略：證據／權力

 特性分析

◆**永久特性**

在必勝的分析表中有幾項常見的特性，這表示這些特性經常顯現在他的行為中，也可能影響他的態度。必勝的分析表指出下列永久特性：

- 效率
- 自動
- 客觀性
- 準確
- 敏銳
- 獨立

◆**暫時特性**

必勝似乎認為這些特性適合他目前的工作環境，因此會在他的行為中加以強調。暫時特性就如字面上的意思一般，通常表示短期的行為調適。必勝的分析表指出下列暫時特性：

- 獨斷性
- 熱忱

◆**潛在特性**

這些特性是必勝的個性中原有的部分，但是他似乎不認為這些特性適合於他的目前工作環境。這些特性會偶爾顯現，例如，在遭遇壓力的狀況下。

必勝的分析表指出下列潛在特性：

施必勝　　　　**Axiom Discus 應試者報告**
特性及分析表壓力

- 縝密　　　　　　　• 潛在專業性

◆非顯性特性

這些特性通常不會出現在必勝的任一方面行為中。雖然這些類型的行為不完全不會出現在必勝的個性中，不過當他遵循這些行為模式時，則有些不尋常。必勝的分析表指出下列非顯性特性：

- 配合　　　　　　• 堅持　　　　　　• 自信
- 耐心　　　　　　• 傾向社交性　　　• 友善

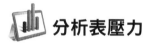 **分析表壓力**

「分析表壓力」顯示必勝認為需要將他的個性融入他的目前工作環境到達何種程度。此壓力可能會在某些狀況中導致造成壓力的負面影響，特別是在必勝的個性不適合進行這類調整時更是如此。下圖顯示必勝的目前分析表壓力，並估計他的調適力，以便進行比較。必要時也顯示調適的最主要可能原因。

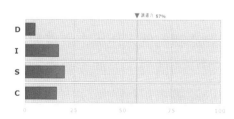

可能來源：適應發展迅速的環境。

概述

　　必勝雖然內斂、自制，卻擁有決心及企圖心。他適合扮演控制者的角色，善於負起自己的責任，管理自己的事務。他的個性具備韌性，能快速適應環境的改變。

　　他的一般作風是沉默寡言，但必要時他仍然能有效地與人溝通互動。除非他明顯看出有利益可得，否則他是不會太在意自己的人際關係的。由於這個原因，別人常常會覺得他有點冷漠和精打細算。

總結分析表：必勝的個性綜合概觀。

基本精神

　　下列基本精神總結必勝的個人作風中最重要的層面：

◆他能夠應付被拒絕的情況，並能妥善處理紛爭。

◆他重視為實際問題尋求可行的解決方法。

◆他重視以最有效率的方式尋求解答。

施必勝

Axiom Discus 應試者報告

標準報告：完整的增強型

◆他同時具有獨斷性及務實的性格，這有助於讓他達到有效結果。

◆他天生具有指揮他人的性格，必要時可以掌控大局。

◆他會有效率地朝向自己的目標前進。

◆他對於自己的真實情感往往有所保留。

◆他重視事實與細節。

◆他的作風非常謹慎，會盡可能地避免冒險。

◆他對於周遭事物非常敏感，並且對於變化的情勢能夠迅速採取反應。

◆他的分析表相當不明確，但是尚不足以歸類為「壓縮」型。

總結

D I S C

轉換模式：對於目前工作環境的調適。

 **行為調適**

必勝是一個相當穩定的人，這表示他很能適應工作環境。他的個性裡唯一明顯的改變就是變得更熱誠了。他似乎感受到必須在工作上

施必勝

Axiom Discus 應試者報告

標準報告：完整的增強型

展現一種比平常更有信心及自我確信的態度。請注意，這並不是說他天生沒有自信，只是目前他希望能將這一面表現得更為強烈一點。

轉換

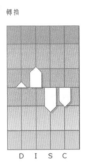

D I S C

轉換模式：對於目前工作環境的調適。

 長處

　　必勝精力旺盛的特質特別強調在達到目標方面。有效率又主動的個性讓他已經準備承擔個人的責任，並能活力十足又有決心地朝向他的目標努力。他很少因為情感因素而動搖，因此能在公平、冷靜的情況下做出判斷與決定。

總結

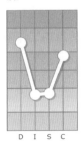

D I S C

總結分析表：必勝的個性綜合概觀。

228

短處

　　必勝的焦點大多集中在事情的實際層面，而不注意個人的需求，這種傾向在他與別人交涉時是一個非常不利的因素。較開放、熱情的人可能會認為他冷淡而好計較、盤算，他也不容易和周遭的人建立起互信的基礎。這種情況經常發生，因為他的天生口氣就是直接且命令式的，喜歡直接明白地說出他的觀點，並且希望別人完全照他的指示去做而不要有任何意見。

總結

D I S C

總結分析表：必勝的個性綜合概觀。

 溝通作風

　　必勝的一項特質就是他不喜歡與人溝通：他不願只為了閒聊就與人互動，要有更明確的目的才行。對他而言，溝通是很實際的一件事。他希望能專注在事實和數據上，不喜歡推測。

　　他不輕易相信人，有時會去懷疑別人的動機。這表示與他的同事

建立親密的關係，會比建立純粹的工作關係來得困難多了。因此，他通常在工作環境中才會覺得自在一些。

總結

D I S C

總結分析表：必勝的個性綜合概觀。

作決策

　　必勝迅速而明快的風格顯示他通常能夠運用直覺與理性評估來快速決定。他天生適應力就很好，只要不致影響他的立場，他不會排斥改變一個既定的決策。他不僅作決定迅速，並且還喜歡即刻起身執行。

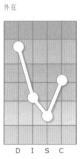

外在

D I S C

外在分析表：對於目前工作環境的反應。

組織和規劃

　　必勝極端、緊急而快速的步調，顯示他很難去規範自己專注在他認為是組織或規劃上的瑣事。他根本就是直接反應型，而且通常很難停下來考慮他的回應，除非接下來的步驟非常的重要。

外在

D I S C

外在分析表：對於目前工作環境的反應。

激勵

　　「控制」是背後驅動必勝的力量：他需要擁有自己命運的完全掌控權。他重視一定程度的獨立性，但某種能讓他在其中工作的組織架構也同樣重要，他會利用這樣的組織作為加強他對其他人傳遞決策或指示的工具，因此他也會尋求管理階層的支持和後援。

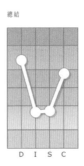

總結

D I S C

內在分析表：自然反應及基本動機。

 管理作風

　　容易受到激勵又性急的必勝會希望為他工作的人也能同樣地迅速反應，並且他對那些無法達到他的要求標準的人會顯得很沒有耐心。他習慣以權威的方式來管理，會善用他的職權要求他人服從他的指示。

外在

D I S C

外在分析表：對於目前工作環境的反應。

所需之管理作風

必勝嚴肅看待他的工作，傾向於無法接受一種過度友善或戲謔的行事態度。他沒興趣與他的主管發展私人關係，單單只想嚴謹地工作與期望他的貢獻受到尊重，所以管理階層在作法上必須將此事實納入考量，才會得到他的回應。

內在分析表：自然反應及基本動機。

 管理準則

他的人生態度是藉由展現支配型和野心的元素所構成，因此必勝可能在他的職業的某個階段中，發現自己適合管理的職位或者當某個團隊的領導者。他天生要求很高但沒什麼耐心，這些層面必然會影響他與他的團隊之間的互動。團隊的回應端視其本身的作風而定：某些人會認為必勝所營造的競爭環境能激勵和鼓舞人向上努力；但較被動的人通常難以適應他的管理作風。

外在

D I S C

外在分析表：對於目前工作環境的反應。

 管理作風總結

◆他已隨時準備在出現機會時，帶領他的團隊朝新的方向前進。

◆他不容易接受任何挑戰他身為主管權威的感受。

◆他會將他在管理角色中的影響力當作己任。

◆他天生具備鼓舞和支配的作風。

◆他會採取高度支配與管控式的管理態度。

 發展準則

必勝可能會考慮下列建議來發展他的管理作風。這些建議的效果如何取決於他目前的處境，並需要進一步權衡輕重。記住以上這一點，必勝可以考慮：

◆利用時間協助他的團隊瞭解他的領導作風和決策。

◆讓他的團隊中的每個人有更多表達和發展自己想法的空間。

◆表現出在適當的狀況下可以妥協的意願。

◆表現出他自己多少更樂於接受他人想法或建議的一面。

◆讓其他人有做出貢獻以及提出建議的空間。

 銷售準則

必勝的自發性作風意味著他採取行動時的魄力和急迫性。他相當自主且懂得把握機會，甚至為自己製造機會。他專注在自己的目標上，並且抱有成功的野心，他行為中的這些特性給了他相當大的動力去達成目的。這些因子均表示他在許多方面都很適合銷售角色，尤其是直銷方面的角色。

但這種精力充沛、好動的態度使得必勝相當沒耐心，如果遇到阻礙或延誤，他會採取行動解決這些問題。在某些銷售情況中，這會是明顯的優點，但在其他情況中，採取較有耐心的態度對他來說可能比較有幫助。

外在

D I S C

外在分析表：對於目前工作環境的反應。

Axiom Discus 應試者報告

標準報告：完整的增強型

 銷售作風總結

◆他積極自發的態度，能幫助他建立和開發潛在的銷售契機。

◆他不容易接受負面的回應，因此在嘗試達到銷售目的之前不易妥協。

◆他有能力倚賴自己的資源，以及為自己的銷售成功與否負責。

◆他風采懾人，所展現的果斷與權威讓潛在客戶印象深刻。

◆他具有指揮銷售討論方向的果斷特質。

發展準則

必勝可能會考慮下列建議來培養他的銷售作風。這些建議的效果如何取決於他目前的處境，並需要進一步權衡輕重。記住以上這一點，必勝可以考慮：

◆善用他的愛冒險作風來探索潛在的銷售契機。

◆更能夠在情況需要時與銷售團隊合作。

◆願意為達到銷售目的而妥協。

◆稍微對潛在客戶施加推力，讓他們進入銷售過程。必勝的好勝作風可能偶爾會引起潛在客戶的反感，尤其是比他更不果斷的人。

服務準則

必勝的作風強勢又善於變通，他的堅決表示他可以適應多數的角

色，尤其當他發現扮演這種角色可以加強或培養他的責任感時，更是如此。然而，對他而言，服務與支援角色是最具挑戰性且難以扮演的角色，因為這種角色的需求在許多方面都與他的嚴厲強勢作風有所抵觸。因此，他需要將他的行事風格調適成更有耐心與更寬容的，但這對他的作風來說卻不是那麼簡單。他會盡可能地將他的活潑作風融入角色裡。

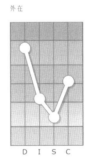

外在

D I S C

外在分析表：對於目前工作環境的反應。

 服務作風總結

◆他會找機會擴大他的角色所產生的影響力。

◆如果他要有效做好支援角色，他必須激勵他自己。

◆他難得會接受妥協的解決之道。

◆他喜歡主控支援環境，並尋求快速、有效的解決之道。

◆他嘗試控制與顧客之間的溝通，這會讓較不果斷的人感到不舒服。

 發展準則

必勝可以考慮以下建議，以培養他從事服務或支援工作的態度。這些建議的效果如何取決於他目前的處境，並需要進一步權衡輕重。記住以上這一點，必勝可以考慮：

◆注意不讓他的觀點凌駕顧客的觀點。

◆了解並非所有的顧客或客戶都能夠擁有他的自恃能力。

◆願意達成妥協，以便讓顧客與他的組織都達成各自的需要。

◆抑制他的強勢個性，以便讓顧客可以表達他們的要求或需要。

◆以更加寬容且支持的態度處理顧客的需求。

 技術性工作準則

必勝喜歡行動勝於規劃，他作風中的這項特質使他不容易融入技術性角色。富於活力與動力使他可以在許多角色上勝任愉快，但就技術性工作而言，則成為阻礙。因此，他的行事作風需要調整得比分析表所呈現的更為周延、有耐性。

在這種情況下，他的作風中最重要的元素或許是他的創意十足、愛好冒險，這種天性使他喜歡探索和尋求新想法。

施必勝

Axiom Discus 應試者報告

標準報告：完整的增強型

外在

D I S C

外在分析表：對於目前工作環境的反應。

技術性作風總結

◆他會尋求以新鮮、獨創的辦法解決問題。

◆他不太願意接受他人插手他的工作。

◆他相信自己有足夠能力找出可行的解決之道。

◆不管正式授命與否，他會在技術性團隊中擔任指揮的角色。

◆他會主導技術性團隊的決策過程。

發展準則

必勝可以考慮以下建議，以培養他從事技術性工作的態度。這些建議的效果如何取取決於他目前的處境，並需要進一步權衡輕重。記住以上這一點，必勝可以考慮：

◆有既定方法可依循時，避免以新辦法解決問題。

◆願意接納他人的建議或提案。

◆願意與團隊中的其他人協調，以求取解決之道。

◆注意避免讓天生嚴格的作風顛覆專案團隊的運作。

◆確定團隊中的其他人可以提出建議和提案。

 探索性問題：探索分析表的積極面

◆您是否曾經必須在非常緊迫的期限中完成任務？
結果如何？

（必勝不但具有高效率的作風，在這種情況下，也有能
力將他的計畫付諸實行。）

 備註 _____

_____

外在

D I S C

內在分析表：
自然反應及基本動機。

◆您是否曾經以新穎的做法達到結果？

（必勝具有冒險進取的作風，並且總是準備嘗試新的做
事方法。）

備註 _____

_____

◆您所解決過最棘手的問題是什麼？您是如何成功的？

（必勝解決問題的方法十分客觀與理性。）

備註 _____

◆您是否曾經擔任十分重視品質與準確性的職位？

（必勝的性格十分重視品質與準確性，並且在大部分的情形下會將兩者視為最重要的事情。）

備註 _____

_____

 探索性問題：探索分析表中可能的訓練需求

◆您覺得自己善於溝通嗎？

（必勝在重要時刻可能善於溝通，但是他並不太熱衷於此，也不善於表達。）

備註 _____

_____

◆您上一次藉助他人成功完成專案是什麼時候？結果如何？

（必勝不輕易藉助他人，寧可為他的個人成就負責。）

備註 _____

_____

◆您認為您能夠與客戶或顧客建立密切的關係？

（必勝的分析表重點不在於人際互動行為，建立密切關係對他而言並非易事。）

備註 _____

_____

◆您覺得表達自己的想法和意見是容易的事情嗎？
（必勝有些缺乏自信，並且可能難以提出他的想法。）

備註 _____

_____

 事業方向

　　必勝的性格直接且不受壓抑，再結合他對精確與正確性的著重，因此適合從事統稱為「研究」性質的職業導向。這種領域中的職業最適合必勝的特殊才能，例如：可以將做對事情、何時應做何事的決斷力發揮得淋漓盡致。除了研究之外，其他適合的工作還包括：記者、稽核員或檢查員等。

　　「Job Matches」此報表包括「工作配對」區段，並列出各種不同的角色，以及與必勝個人行為模式的合適程度。「工作配對」可協助必勝進行生涯規劃，並指點其所對應的事業方向。

內在

D I S C

內在分析表：自然反應及基本動機。

關係

　　在工作場合，必勝與同事的關係建立在公式化的層面。他較關注於結果和成就（而非與人的交往互動）。他接近人多半有目的且經過精心規劃，因此他將與同事的互動，視為他的職場生涯中的結構之一，完全不帶有情感的層次。

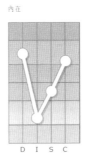

內在分析表：自然反應及基本動機。

◆必勝的關係基本精神

- 他喜歡釐清他人際互動中的定位。
- 他傾向於透過實際的層面看待一切，並不拘泥於發展人際關係的互動。
- 他樂意接納同事的建言，甚至是善意的批評。
- 他不會以過度的溫暖或熱忱與他人互動。
- 他喜歡對周遭的人有一定程度瞭解的感覺。

 團隊

　　必勝會精進自己的能力，並專注在個人目標上面。他的個性中包含上述特色，導致他通常很難與團隊和諧相處。如果他與團隊共事，他天生強勢和支配的個性會企圖影響其決策流程，甚至成為主導的幕後黑手。如果他可以順利融入團隊的運作方式，他的堅決意志和高效率可望提升整個團隊的鬥志和動力。

內在分析表：自然反應及基本動機。

◆必勝的團隊基本精神

- 他希望在團隊中徹底盡到他分內的責任。

- 他寧願仰賴自己的資源行事，而非尋求他人的支援。

- 他會為了達成結果不遺餘力，並希望團隊中其他的人亦是如此。

- 他在團隊中尋求獲得權威的管道。

- 他傾向在團隊中扮演發號施令的角色，也許就是領導者的職位。

對於團隊中必勝的人際互動，包括他的團隊成員互動關係請洽詢 Discus 團隊。

 壓力

必勝在掌控局面時，他的潛能可望發揮到極致。他希望徹底瞭解整個情況，並位於主導的地位。對必勝來說，壓力來自於其智力所能理解的範圍之外，或者完全脫離掌控的失序狀態。面對壓力，他的回應通常既直接又唐突，他會大膽地直言己見，且無懼可能會觸怒他人。由此可見，他對於非做不可的事勢必毫不遲疑。

內在

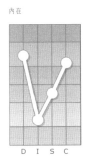

D I S C

內在分析表：自然反應及基本動機。

 目標和發展

如同其他支配型的人一般，必勝受成就感所驅使，也因此對成功有極大的企圖心。然而，與許多其他類型的人不同之處在於，他也十

分重視規則與程序。這表示他希望能夠在體系當中達成他的企圖心，而不是按照他自己的步調行事。

　　當他發現他自己擁有控制權，而這也是他所追求的，他就會透過既有的程序與細節模式來展現他的控制權，而不全然透過他的權威來展現。

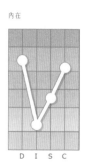

內在分析表：自然反應及基本動機。

施必勝　　　　　Axiom Discus 應試者報告

工作配對分析

工作配對分析

　　此特殊工作配對分析已經以評估模式編譯，適合配對應試者的行為作風，以得知他們目前所司的類似職位。包括來自所有可用類別的工作分析程式。

◆適合：

公司財務長（執行）⋯⋯⋯⋯⋯⋯⋯⋯⋯⋯⋯⋯⋯⋯⋯88%

廳長（管理）⋯⋯⋯⋯⋯⋯⋯⋯⋯⋯⋯⋯⋯⋯⋯⋯⋯88%

公司祕書（執行）⋯⋯⋯⋯⋯⋯⋯⋯⋯⋯⋯⋯⋯⋯⋯⋯87%

財管人員（管理）⋯⋯⋯⋯⋯⋯⋯⋯⋯⋯⋯⋯⋯⋯⋯⋯83%

◆可接受：

談判員（一般）⋯⋯⋯⋯⋯⋯⋯⋯⋯⋯⋯⋯⋯⋯⋯⋯⋯79%

行政經理（管理）⋯⋯⋯⋯⋯⋯⋯⋯⋯⋯⋯⋯⋯⋯⋯⋯78%

客服部經理（管理）⋯⋯⋯⋯⋯⋯⋯⋯⋯⋯⋯⋯⋯⋯⋯78%

專案經理（管理）⋯⋯⋯⋯⋯⋯⋯⋯⋯⋯⋯⋯⋯⋯⋯⋯78%

資訊技術部經理（管理）⋯⋯⋯⋯⋯⋯⋯⋯⋯⋯⋯⋯⋯77%

常務董事（執行）⋯⋯⋯⋯⋯⋯⋯⋯⋯⋯⋯⋯⋯⋯⋯⋯73%

現場經理（管理）⋯⋯⋯⋯⋯⋯⋯⋯⋯⋯⋯⋯⋯⋯⋯⋯73%

企業家（一般）⋯⋯⋯⋯⋯⋯⋯⋯⋯⋯⋯⋯⋯⋯⋯⋯⋯70%

◆或許可接受：

分析師（一般）·····················68%

品管部經理（管理）···············68%

業務經理（管理）·················68%

系統分析師（技術）···············65%

行銷部主任（執行）···············63%

業務主任（執行）·················63%

零售業務員（業務）···············63%

◆不適合：

直銷業務員（業務）···············58%

品管人員（行政）·················58%

人力資源主管（行政）·············56%

電腦程式設計師（技術）···········56%

個人助理（行政）·················55%

業務代表（業務）·················55%

查帳員（行政）···················53%

網路管理員（技術）···············53%

軟體設計師（技術）···············48%

通信員（一般）···················48%

Axiom Discus 應試者報告

施必勝

工作配對分析

電話業務員（業務）……………………………46%

會計（行政）……………………………45%

店員（行政）……………………………41%

祕書（行政）……………………………41%

接待人員（行政）……………………………41%

電腦維修工程師（技術）……………………………41%

管理者（一般）……………………………41%

簿記（行政）……………………………41%

作業員（行政）……………………………39%

訓練員（行政）……………………………31%

✦ DISC 測驗報告範例 ✦

目　的：建立核心職能
執行者：企業人資部門、用人主管
版　本：DISC 個人版（個別職位常模創造功能）

範例 ❸

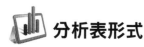

Axiom Discus 工作分析報告

分析表總結

📊 分析表形式

　　此圖形顯示人力資源主管職位所需的理想支配型、影響型、穩健型和謹慎型的程度：

支配型 35%　　影響型 55%

穩健型 40%　　謹慎型 70%

Axiom Discus 工作分析報告

人力資源主管

分析表總結

 工作分析表特性分析

支配型 特性		
效率	40%	
自動	47%	
獨立	32%	

影響型 特性		
友善	60%	
熱忱	57%	
自信	42%	

穩健型 特性		
耐心	52%	
縝密	42%	
堅持	35%	

服從型 特性		
配合	67%	
準確	57%	
敏銳	65%	

 關於此工作

　　這份工作需要極具分析精神，並擁有以公正客觀的態度考量複雜問題能力的人。這樣的工作通常需要有特殊技術，即廣稱為「專業技術」。其重要技能包括有專注力、對精準性和明確性的要求、以及以理論方式來思考的能力。這樣的工作常常需要建立複雜的系統及對其進行的維護。

　　這個工作分析表顯示四項行為因子受到壓縮,而無任何特別高或特別低的特性出現。不管是否真的受到壓縮,分析表顯示一個人的行為風格並不會在履行此工作時形成明顯的差異性。這是一個幾乎任何性格的人均可適任的工作。

　　這工作所需的人選必須在本能上就樂意合作,服從團隊,喜歡在團隊底下工作,喜歡能有管理上及同事間的支援,並且很樂意與人分享成果。然而,在此工作的執行上,有時需要擁有較為獨立的特質。為了做好這份工作,這個人選必須能視情況需要而獨立行動。

✦ **DISC 測驗報告範例** ✦

目　的：企業教育訓練規劃
執行者：企業人資、訓練部門、管理顧問公司、培訓講師
版　本：DISC 個人版（訓練需求規劃功能）

範例 ❹

人力資源主管　**Axiom Discus 應試者報告**
　　　　　　　　　　　　　　　　特殊工作配對分析

 人力資源主管（行政）

　　此特殊工作配對分析已經以評估模式編譯，適合配對應試者的行為作風，以得知他們目前所司的類似職位。

　　以他們的行為分析表來看，此應試者對於此職位應該是可接受，適合指數為 74％。

應試者	分析表		評語
支配型	61％	35％	太高
影響型	76％	55％	稍微太高
穩健型	30％	40％	稍微偏低
謹慎型	52％	70％	稍微太高

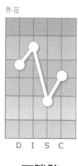

外在

D I S C

丁勝強

人力資源主管

D I S C

人力資源主管

 特性對照

對此工作優勢：

◆接納別人的意見

◆能與他人深入溝通

◆快速靈敏的反應

◆細心和敏感

可能的訓練需求：

◆過度率直

◆傾向不向他人諮詢而行事

◆排斥與他人合作

✦ DISC 測驗報告範例 ✦

目 的：團隊文化分析、領導作風分析、接班人選擇、
團隊成員遴選建議

執行者：企業人資、組織發展部門、企業領導者、部門
主管、經營顧問

版 本：DISC 團隊版

範例 ❺

**人資
部門**

Discus 團隊報告

由人資部門測試
授權單位　實踐家教育集團

📊 團隊分析

團隊作風：溝通（不拘形式）

團隊名稱：DISC 事業處

類別：實踐家

分析時間：2016 年 11 月 19 日週六 09:19

指定的領導者：丁勝強

成員：4

獨特的關係：6

獨特觀點：12

Discus 團隊報告

授權單位　實踐家教育集團

　　友善的氣氛以及彼此之間溫暖的關係正是這個團隊成員的特色，他們比較喜歡在輕鬆而正面的環境裡工作。綜合來說，這個團隊成員們最顯著的優點是他們的溝通能力，以及面對其他人時具說服力，並且往往是迷人的態度。

　　然而，在溝通的部分以外，必須要小心確保這個團隊輕鬆的風格不會影響到它的實務上的職責，以及成員們對於較為繁瑣的工作仍能給予足夠的注意力。

團隊基本精神

　　◆成員們依賴彼此之間友善、正面的關係。

　　◆良好的溝通能力會是一個很大的優點。

　　◆有必要小心確保團隊輕鬆的工作態度不會影響它實務上的運作。

重要團隊動力

　　這個團隊的成員自信心很突出，許多成員外向且善於表達的特質，會導致他們在團隊中扮演主導性的角色，特別是當其他成員並未顯示具直率、魄力的性格時。值得一提的是，這種自信是建立在人際關係上的，一旦實際的問題產生時，有可能團隊中其他較有組織觀念的成員會表現得較為突出。

　　這個團隊同時包括了有含蓄而不獨斷，開放而具高度表達能力的成員。這兩種風格並不一定會合不來，雙方的整合成功與否往往在於彼此的相互尊重程度。尤其，如果這些較為含蓄的團員能夠不去計較他們那些外向同伴的溝通方式，肯定他們的能力與技術的話，則彼此之間的互動應該會不錯。

　　這個團隊裡有很多沒有主見的成員，這樣的組合可能產生的效應要視團隊整體的整合情況而定。一旦隊裡其他較有魄力的成員能站出來，那麼這些較沒主見的成員會傾向於跟隨他們的領導而變得很有效率。然而，當決策和方向不夠明確時，這個團隊可能會陷入一種缺乏刺激和原動力的狀態。

　　這個團隊的主要組合特色是獨立作業的能力不強。如果要讓這些成員對於團隊運作的效率有所貢獻，那麼提供他們方向、監督以及支援是非常重要的。

　　這裡居於領導地位的成員，他們維持秩序並遵循規定的意願，對於維持整個團隊的組織結構，以及計畫得以繼續推動有正面的效果。雖然在這個團隊裡有一些附和型而沒有主見的成員其實可能不太同意這種風格，但因為他們不願被牽扯入衝突中，所以仍然會配合。這種情況應該要謹慎處理，以免這些比較沒聲音的成員會失去動力。

 ## 團隊次因子

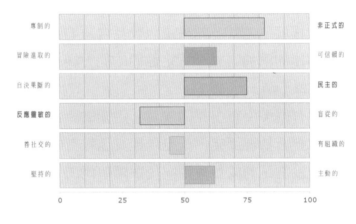

專制的				非正式的
冒險進取的				可信賴的
自決果斷的				民主的
反應靈敏的				盲從的
善社交的				有組織的
堅持的				主動的

```
0        25        50        75        100
```

此團隊中的重要次因子為不拘形式，民主和反應靈敏。

◆不拘形式

「不拘形式」為次因子，說明該團隊不論其內部或外在均不重視權威或結構，相反地，成員重視的是建立彼此間穩固的社會連結，以及愉快且開放的工作環境。

◆民主

民主型的團隊強調團隊整體的共同決策，而非單一個體的專斷。成員會期望自己的看法和意見獲得重視，並且成為團隊整體運作的一部分。

◆反應靈敏

「反應靈敏」是指溝通相當良好且開放的次因子，這類團隊的特徵是成員間的急切性、速度感，特別是彼此間的友善態度。反應靈敏型團隊的成員一般來說都是溝通好手，並且非常適合發表想法。

 團隊分析表

「團隊分析表」提供團隊一般作風的概觀。其顯示的四項因子相類似，並且與在一般 DISC 圖形上的四項因子相關。這些因子為指示、溝通、穩定和效率。

不同於傳統的 DISC 分析表，「團隊分析表」同時也強調其對立的因子，參與、專注、通融和隨機應變。因此，有高「指示」的團隊因此會有較低的「參與」，其餘以此類推。

 作風卡團隊總結

「作風卡團隊總結」提供個別團隊成員作風的集體概覽和「作風卡」模式內的相對情況。

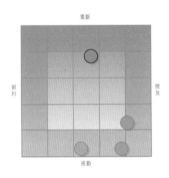

⬤ 指定的團隊領導者

因為「作風卡」只呈現個人作風的單一觀點，可以用此方法檢視團隊成員作風的分布。

 領導能力分析

◆團隊領導者：丁勝強

◆丁勝強的一般領導作風

勝強是個優秀的溝通者，能有效地傳達他的理念和指示，喜歡在團隊內營造合作而不是權威的工作氣氛。他行事態度的困難之處在於

領導環境之下，他傾向未提出警告就改變他的決定，這種傾向如果沒有適當的控制，可能對其他團隊成員造成極大的困擾。

◆領導能力要求

這幅圖從四個重要領域比較團隊中對領導力的期望。在每種情況下，用團隊的需求水準對比作為領導者的丁勝強所能提供的最大限度。

在「團隊」條明顯高於「領導」條的地方，很有可能是團隊感覺在該特定領域他們的期望無法被領導者完全滿足。在「領導」條明顯高於「團隊」條的地方，表明該領導者過於關注了團隊成員認為並不重要的領域。

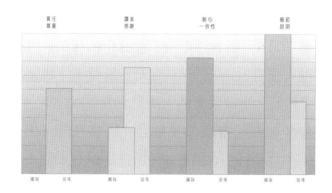

◆有領導潛力的應試者

在團隊成員中，這些成員可能會擔任領導的職務。

尹善群這個領導者的風格顯現出一個非常有彈性的態度，一方面廣結善緣，但同時又有節制而精確的一面。至於他態度中的這兩面哪一個會浮現出來，則要視團隊成員及工作環境而定。

◆團隊成員

這部分顯示四個團隊成員中每個人的工作風格。還可能詳細顯示每位成員的團隊風格，但請注意團隊風格分析僅適用於有增強版報告的成員。

團隊領導者：丁勝強

分析時間 2016 年 11 月 19 日週六 06：15

勝強是很有個性且非常外向的人，故免不了成為團隊中的社交核心。他很感激他人讚許和接納的態度，且他的外向會令他在同事間大受歡迎。他會在團隊討論中提出意見， 且事實上他提出的想法都很有創意。他完全不害怕嘗試新的方向或實踐新的計劃，因此會毫無顧忌地放膽嘗試。

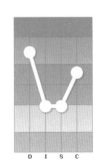

他的分析表顯示：勝強正處於轉換模式，這是在

團隊情況中典型的反應。他似乎較注重效率和實際層面,但他現在的方式並非如此。相反的,他採取較為開明和友善的態度,願意花時間與人建立互動。

勝強的團隊基本精神

- 他渴望鼓勵團隊嘗試新的工作方式。
- 他既活躍又有原創性,因此可望提出他人意想不到的意見,並驅策團隊加以執行。
- 他的外向致使他成為團隊的靈魂核心,尤其是在社交場合。
- 他具有自信和獨斷的態度,很自然經常在團隊中扮演發號施令的角色。
- 他急切地想說服團隊走入可能的新領域。

尹善群

分析時間 2016 年 11 月 19 日週六 16：21

善群的風格是典型地致力於營造工作環境。他不僅對人坦率友善,且多半採取合作的態度。並偏好與他人共事而非單打獨鬥。他也重視生產力,因此儘管他會積極與團隊成員進行互動,但論及實際層面,他不會讓這方面的因素降低了他的績效。

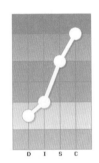

善群的團隊基本精神

- 他若處於積極、沒有衝突或正式的工作環境，則表現最佳。
- 他會竭盡所能，避免團隊的成員彼此之間產生敵意。
- 他的善體人意和樂於接納的態度，經常讓他成為團隊中的社交核心。
- 他很樂意服從整個團隊的意志。
- 他厭惡孤單而獨立的工作環境，因此很適合與團隊共事。

蘇永萍

分析時間 2016 年 11 月 19 日週六 10：05

永萍由於生性被動，其在團隊中的工作成效取決於成員的接納程度。若所有人對她皆採取包容、正面的態度，則永萍可望會有卓越的表現。但如果她覺得被排拒，她的績效必然大幅下滑。只要讓她在工作崗位上充滿自信，她就能以耐心和有效率的方式，回饋整個團隊。

D I S C

永萍的團隊基本精神

- 她會花時間熟悉並盡心扮演團隊中的角色。
- 她傾向於服從團隊一致的決定，即使他個人並不同意。

- 她傾向於主動將他人的需要和偏好納入考慮。
- 她偏好團隊在運作時，採取既定的程序和模式。
- 她偏好既定且可預測的團隊運作模式。

陳思穎

分析時間 2016 年 11 月 19 日週六 9：03

思穎由於生性被動，其在團隊中的工作成效取決於成員的接納程度。若所有人對她皆採取包容、正面的態度，則思穎可望會有卓越的表現。但如果她覺得被排拒，她的績效必然大幅下滑。只要讓她在工作崗位上充滿自信，她就能以耐心和有效率的方式，回饋整個團隊。

思穎的團隊基本精神

- 她的循序漸進的風格，表示她會成為團隊中穩定、可靠的支柱。
- 她很在意群體對她的工作或她的提案的回應。
- 她很樂意接受、回應其他成員的需求。
- 她會盡全力在團隊作出決策之前，進行團體討論以集結意見。
- 在團隊中出現爭執時，思穎通常會訴諸理性溝通、彼此讓步的方式。

✳ DISC 測驗報告範例 ✳

目　的：不同個性的人彼此共事方式，衝突化解
執行者：企業人資部門、部門主管
版　本：DISC 團隊版

範例 ❻

人資部門

Discus 團隊報告
Discus 團隊關係分析

由人資部門測試

 關係分析

◆丁勝強（指定的團隊領導者）和蘇永萍

以丁勝強作為團隊領導者的觀點：

- 在一般的情況下，這可以成為一個很好的工作關係，但當團隊在關鍵緊急的環境下運作時，會顯得較沒效率。
- 勝強需要花時間去聆聽永萍的意見和想法。
- 勝強必須調整他的領導風格，才能適應永萍的穩健且不急不徐的做事方法。
- 勝強會充分利用他的溝通能力，以確保永萍很清楚地了解他的期待標準。
- 永萍會特別能配合勝強直接的領導風格。

　　勝強的領導風格就是如此，因此特別和永萍的行事風格合得來，只要團隊工作環境的壓力不會太大。在這樣正面的工作環境，兩人友善且長於交際的特質會發揮得淋漓盡致。

　　然而，在比較緊急且壓迫性的情況下，彼此工作模式的差異就會浮現出來，可能會影響到工作關係。問題的根本在於永萍的心態上不願針對不同的需求變化做迅速的回應，這一點和勝強活潑的管理風格是有衝突的。

　　勝強直率又熱情的作風會很自然地影響他的團隊整體的風格和感覺，但這並不一定就表示其他成員都有著同樣的風格和喜好，這一點很重要，需謹記在心。永萍的風格尤其是屬於較不直接開放型，雖然她可能還是會嘗試去融入這個團隊，勝強最好還是要考量到這個事實，那就是每一個團隊成員是否都具備他的正面有自信的觀念。

　　在勝強和永萍兩人的風格之間有許多可能會產生誤會、甚至衝突的地方。勝強的領導方式非常注重團隊成員的動機性與快節奏。然而，永萍的態度則與此幾乎相反，她如果覺得有必要的話，她會花很長的時間以確保工作完成的品質有達到她個人的滿意標準。

　　勝強可能會因為他開放而友善的領導風格並沒有明顯地從永萍身上得到回應而感到沮喪，但這其實只是因為她的作風本來就是不善於言詞表達，如果勝強可以接受這一點，永萍就有可能更投入，提供堅實而可信賴的工作品質。

　　勝強有強勢的領導風格，希望在團隊裡工作的人都能配合他所設定的快速工作步調。而永萍的工作態度則是她會嘗試在勝強所設定的工作架構下工作。她缺乏主見，因此當她真的有困難而無法完成勝強的指令時，她不太會直接說出來。作為一個領導者，勝強的部分工作則是要確定他並沒有對永萍提出太多的要求。

　　從蘇永萍的觀點
- 永萍與勝強的風格中的社交特質會決定兩者之間的合作關係。
- 勝強可能需要控制一下他狂熱的行事作風，以便於能和永萍組成一個有戰鬥力的合作關係。
- 由於永萍個性謹慎而思考嚴密，勝強則是活潑且躁進，這兩人很難建立正面的合作關係。
- 永萍和勝強需要各自調整彼此溝通的態度。
- 兩者的風格中都有一些特質可能會引發彼此的挫折感。

　　永萍和勝強兩人都喜歡和對方或團隊裡的夥伴做互動交流，就這方面來說他們的合作關係是相當正面的。但是在其他方面，彼此不同的行事風格可就沒那麼合得來了，永萍是很有耐心的深思熟慮型，而勝強則是直爽外放型，比較看重效果而忽略後果。

　　當永萍期待從勝強那裡獲得資訊或行動時，她或許會很難感到滿

意，勝強的風格不是那種很容易專注焦點在特定的實務細節上的類型，他較喜歡從事一般整體性的事務，相形之下，永萍魄力不足的特質顯示她會很難去扭轉這種形勢。

永萍對工作謹慎、穩健的態度，意味著她會難以理解勝強較活躍且沒耐性的做事方式。然而在互補不足的情形下，這兩種風格的結合可以是相當具有生產力的，同時許多誤會和挫折感也可能從中而生。

這兩種人對於如何讓彼此的工作關係能有效地運作，把持著相當不同的看法。永萍是典型的喜歡保持距離型，只專注在與手上的工作有直接關係的事情。然而，勝強則於公於私都樂於建立良好的人際關係。

永萍並沒有特別明快果決的特質，因此她會發現要和像勝強一樣類型的人一起工作是相當痛苦的，凡事得尋求效率，性急而善於做決定。就勝強而言，他對於凡事拖延、推託感到高度的不舒服，但這些特質幾乎是永萍的個性之中少不了的。

想要更深入了解自己嗎？

　　經過本書前面的簡易版測驗，你已經知道自己明顯的特性是什麼了，你知道除了外在特質之外，你還有原始內在的特質嗎？那是可能只有你才知道的內在個性，因為外在特性是在外工作或者為了適應目前環境需求而裝扮自己的一種方式。想要更深入了解自己嗎？讀者好康在這裡，「DISC性格測試專業正式版報告」遍及全球，也是亞洲百大企業在使用的人才測評系統。

　　沒錯！企業會使用discus報告的原因就是因英國AXIOM公司所打造的人才測評工具不單只有個人報告，還可針對各部門建立企業的專屬職位常模，除了讓你能更快了解自己外，還能快速與工作磨合上手，了解工作需求且迅速進入狀況，提升自我應變能力，為自己和企業共創好成績。

NT$1000元能為你做什麼呢？

吃一頓晚餐、買一件洋裝、坐一趟高鐵……

　　其實只要1000元，就能讓你真正了解自己，非簡單的心理測驗簡易判別特性，而是用真正科學的系統運算分析出您的完整行為模式，肯定並發揮自己的優勢，

探索未知的自己！

　　你想了解自己的性格嗎？你想了解自己的優點與缺點嗎？你的溝通與決策的作風為何？你在管理上的策略及被管理的期待為何？這是一個知己知彼的時代，實踐家提供DISC人格特質的測驗分析，**你只要利用約十分鐘即可完成二十四道的題目，並以優惠價取得一份詳盡的中文報表（原價NT$1500元，讀者優惠價NT$1000元）。**這份人格測評分析報告也是目前新光人壽、台新銀行、台灣康寧、趨勢科技、工研院、德州儀器、光寶科技、義隆電子、必勝客、肯德基、康是美、聯合利華、麗嬰房、特力屋、羅氏醫療診斷設備、輝瑞藥廠、精誠資訊、商周集團、永豐餘等知名企業運用於人才培訓培育上，以達知人善任之目的，並培養企業內部良好的溝通文化。

英國Axiom discus人格特質報告每份價值$1500元，現在只要掃描下列QR code進入頁面登記購買，就能以NT$1000元的超值優惠價，得到專屬你的使用說明書唷！！

NT$1000元報告優惠登記頁面

也歡迎您加入實踐家行為科技中心的臉書粉絲團！
一起了解更多DISC資訊唷！

粉絲團：實踐家 DISC 性格大學

報告內容說明

DISC 人格特質報告——典型版（每份價值 NT$1500 元）

　　典型版為個人 DISC 人格特質的標準版報告，有七項專業分析圖表、數據分析與深入了解目前壓力的來源情形，報告中還有十個區塊的文字報告內容，加強個人對於自我認知能力與優勢，主管也加強自己的領導力，能實際管理與運用人才，發揮因材施教、有效溝通用人之效。

　　DISC 人格特質典型版報告含十個區塊的文字報告：概述、行為調適、長處、短處、溝通作風、作決策、組織和規劃、激勵、管理作風、所需之管理作風。

DISC 人格特質報告——增強版（每份價值 NT$3000 元）

　　增強版除了典型版的內容外，還針對個人未來發展方向做進一步的說明與建議，主要用於儲備幹部、接班人計劃中使用，將提供更多關於人才發展與團隊組織改革可能性的客觀建議。

　　DISC 人格特質增強版報告包含典型版的專業分析圖表以及二十一個區塊的文字報告，如：概述、行為調適、長處、短處、溝通作風、作決策、組織和規劃、激勵、管理作風、所需之管理作風、基本精神、管理準則、銷售準則、服務準則、技術性工作準則、探索性問題、事業方向、關係、團隊、壓力、目標和發展。

讀者好康活動

　　感謝您的愛與支持！！除了以上的 NT$1000 元的優惠價外，每一本書都可憑此頁以 NT$500 元的超值優惠價購買一份原價 NT$1500 元的 DISC 典型版人格特質報告！！（每本書限購一份）

<< 活動辦法 >>

　　請將此頁剪下並郵寄至實踐家行為科技中心，付款完成後，您就可以 NT$500 元的超值優惠價購買一份 NT$1500 元的 DISC 典型版人格特質報告唷！！

> 請郵寄至　114 台北市內湖區內湖路一段 396 號 3 樓之 2
>
> ### 實踐家行為科技中心　收

請留下讀者您的資訊，以利後續連繫您付款以及測試作業唷！！

姓名：　　　　　　　　　　　性別：

手機號碼：　　　　　　　　　電子信箱：

DOERS GROUP　實踐家

☆ DISC使用者見證 ☆

 ## 團隊勝出，個人淡出的時代

　　人際溝通是一門大學問，有的人一輩子不得其門而入，有的人卻善於應對各式各樣的人，差別就是在於能否看透一個人的行為模式。「DISC」可以幫助你認識人、了解人，進而諒解彼此差異，然後透過改變應對模式來得到你要的結果。

　　這次郭老師出版的新書，就像親臨他的課程現場，敘事方式總是能夠深入淺出，讓讀者能輕鬆了解「DISC」為何物，郭老師更是位幽默風趣的老師，總能讓學員樂於學習，吸收快，並自然轉化為內在的習慣。相信看完本書，您一定能感受到郭老師的功力，也相信這本書一定能夠幫助您，了解自己，並在與人互動之間，增添更多新的感受！也預祝郭老師的書籍暢銷熱賣！

　　二十一世紀是團隊勝出，個人淡出的時代。要如何找到對的人才，打造黃金陣容，是每個組織領導者夢寐以求的，因此有許多的人格行為測評工具應運而生，協助組織領導者找到對的人。我常運用 DISC 理論簡單明瞭的將人的行為模式分為四種類型，再與學員分享每個類型的行為模式又區分成內在模式與外在模式，可以更公平及準確的掌握每個人的個性分析，將對的人放在對的位置，發揮團隊綜效，讓 1＋1＋1＞3。

　　在實際運用案例上，也幫助學員釐清個人職涯發展選項，發揮個人專長優勢。在某次的課堂上，有位擔任公職的學員提問，她自己想轉職或創業，但不知道適不適合？我便看了一下她的報告，她是一個 DC 型行為特質的人，也就是一個就事論事，不喜歡與人有太多的交集，也不喜歡與人拉關係的人，因此在單位裡就是一個能做事、但不擅長做人的人，也就不自覺得會讓人覺得不好親近和相處，且因為她的性格太就事論事的處理事情，反而讓人覺得她不好商量，間接的得罪了一些人。

　　所以我回覆她的建議是，若想自己創業做生意，必需先調整自己的行為特質，讓自己開始喜歡與人相處。若想與人建立友好的關係，試著從學習 S 型特質的行為模式開始，讓自己學習傾聽和支持對方的想法，並了解 S 型行

為特質的人是如何與人溝通,因為做生意必須面對各種客戶及廠商,應該試著調整與改變自己變得更願意與人相處與溝通,而不是凡事只有讓對方聽自己的意見,一味的用強勢及專業的方式來迫使對方接受。

「保有自己、適應他人」是實踐家教育集團在推廣 DISC 時呼籲的重要觀念,我們除了保留真實的自己外,也要在與他人相處時,做出一點調整,才能共創雙贏,達到彼此都能滿意且接受的結果!

財團法人臺北市實踐家文教基金會副總幹事 *王汝治*

 ## 團隊追求綜合效益的精要:「求同存異」

二〇〇一年的某一天捷運中山站外的書報攤上,林偉賢老師的《成功的二十四堂必修課》這本書吸引了我的目光;書後的二十四道題目及 DISC 四個英文字母牽起了我跟實踐家的緣份。為了七頁免費的人格特質電腦中文報表,我踏進當時位於信義路基隆路口的實踐家辦公室;因為 MONEY&YOU 的課程,我想方設法地進到實踐家這個機構,一窺教育培訓的奧秘,就這樣展開了迄今十五年的教育訓練工作者的生涯。

DISC 部門專員是我服務實踐家的第一個工作。丹尼斯 · 魏特利博士大會後的 DISC 報表電話解讀服務,讓我感受到實踐家的 DISC 軟體報表提供的數據在個人特質呈現的精準程度,並快速累積報表判讀的豐富經驗;跟隨郭騰尹老師前往台積電服務的經驗中,讓我見識到實踐家 DISC 軟體在人力資源部門運用的多元性及實用性,並延伸軟體在個人生涯發展上的運用;台灣大哥大連續幾梯的各部門 DISC 研習班中,讓我體會到郭騰尹老師在 DISC 個人特質詮釋的獨特性,並近距離深刻地接收到一個教育訓練工作者身體力行的示範。

儘管最近十年一直在美國 SuperCamp 國際中文營的青少年學習教育中精進,但 DISC 的專業基礎及與郭騰尹老師貼身工作的耳濡目染,無疑幫我打下了堅定的基礎。

「理性、感性」與「內向、外向」兩組通俗易懂的組合演繹出 DISC 四種特質,並巧妙的與自然界中火風水土四大元素契合,更在家喻戶曉的中國

經典小說《西遊記》四個主要角色孫悟空、豬八戒、沙悟淨及唐三藏的身上看見這四大特質的編排。簡單、清晰、實用、精準是 DISC 理論搭配實踐家電腦軟體給我的深刻印象。

在過去十年帶領團隊的經驗中，能不帶偏見地看見每個人的強項，兼容並蓄地接納每個人有待學習突破的部分，沒有好壞對錯只有適不適合，讓我不用費力地在主觀評價的情緒中掙扎，這都歸功於 DISC 帶給我的訓練與觀點。迅速地看見夥伴表現背後的盲點，不帶權威的簡要提點，切中要點的深刻觀察，這些是 DISC 帶給我的敏銳度。

不只我了解 DISC，我一定讓團隊夥伴知道甚麼是 DISC。團隊追求綜合效益的精要「求同存異」，能在不同視角中尋找與凝聚共識，但在共識中又不失多元性，這都有賴團隊成員對 DISC 共同語言的了解。我愛 DISC，我終身傳遞 DISC。所有想要了解自己，與他人有效溝通，帶領團隊追求高效的夥伴，你們絕對不能錯過 DISC。

DISC 資深專業講師／Super Camp 超人營華文首席講師 吳育儒

人之所欲，施之於人

還記得第一次在實踐家的總部見到郭老師，郭老師的舉手投足間都極富有文人的淵博氣質，老師親切的問候以及迷人的陽光笑容，對於我而言真是帥呆了！這就是我的老闆——實踐家教育集團郭騰尹副董事長，能有如此滿分的老闆以及工作環境，我感到特別的開心與期待！

以往在服務企業客戶的過程中，客戶對郭老師的課程都讚譽有加並給予很高的評價！原因就是郭老師總是能把複雜的、艱深的，或是寓意深遠的名言，用極富生活化又口語的方式讓學員們都能清楚地了解其意義。學員在聆聽郭老師的課後，會重新找尋到自己最原始的初衷，再度激起對工作、生活與未來的動力。郭老師最受歡迎的課之一就是 DISC 主題課程，許多人因為上了郭老師的課程，更清楚如何將 DISC 運用在生活中，讓人際互動溝通更容易。郭老師常說：「過去，我們知道己所不欲，勿施於人；現在，我們懂得 DISC，我們更要能人之所欲，施之於人」，意指良好的溝通需要先建立

共識，用對方能夠接受的方式、了解的語言和對方溝通，讓溝通更加順利，事情會更圓滿，進而達到雙贏共好的局面！

　　感謝實踐家教育集團以及郭騰尹老師，讓我在DISC的領域上成長學習，還孕育了兩個實踐家寶貝。記得在某個假日的早晨，我已經幫她們穿戴好服裝，並準備帶她們出門吃早餐時，姊姊突然說：「等一下，我要去和爸比說再見」，只見老公聽到大女兒的呼喊立即從床上坐起來，提醒她們要聽媽媽的話，並向她們道別，準備躺下去繼續睡，這時，姊姊突然親了爸爸臉頰一下，姊姊說：「爸比，今天我想要坐車車。」當下我原以為老公會不為所動，沒想到假日需要補眠的老公居然立刻又坐起來，和姊妹倆說：「妳們乖，聽話，先去客廳坐一下，爸比現在就去梳洗，等等陪你們一起去吃早餐。」其實不論是生活或是工作，溝通一直是很重要的事情，了解對方的性格，創造雙向交流，而非單一方的行動，只要在小地方用心，除了懂得用對方喜歡的方式與他互動，更重要的是找到對的人，放在對的位置，做到對的事，確實發揮其優勢與功能，精準擊中對方所重視的紅心，事情將更加圓滿。

　　那一天，我們全家開心的吃了美味的早餐，而那一天我非常開心，不只是因為我們難得可以全家一起吃早餐，而是我發現了我C型的老公也有如此溫柔的一面。

　　常聽客戶們舉例運用DISC應對同事與客戶的方式，客戶反饋其實當一個主管很需要聽到每位部屬的心聲，先傾聽了解他們的想法，再運用DISC的溝通技巧，用適合及對方能夠接受的方式與其互動，溝通效果會比直接命令的方式好很多，也從中了解到事情發生的問題點發現還有哪些部分有所遺漏，能夠釐清問題，再針對要點處理，快速解決問題，溝通將事半功倍更順利。

　　DISC人格特質理論不只能夠運用在工作上，Axiom Discus 測評報告的運用與延伸也非常多元，例如：我們有教會的客戶將 DISC 以及報告運用在男女配對，提供談戀愛時男女相處的模式與建議；親子關係中能夠更了解彼此的溝通方法與發現最真實的自己；對於即將就業的大學生，可提供未來職場發展方向的具體建議或是當前需調整的方向；工作中則常用於檢視團隊運作模式與現行狀態的落差，提供領導者具體調整與提升績效的方向與建議，

應用的範圍極為廣泛，只要您需要解決任何有關於「人」的問題，歡迎您隨時與我們聯繫！

實踐家行為科技中心經理 李志應

 把人搞定，世界就搞定

聽到郭老師的新書要出版了，真是非常開心，而且這本書是談關於人、關於 DISC，有很多人聽到 DISC，會聯想到是不是 disk，和 CD 有關。相信你跟我都喜歡了解自己，透過星座、血型等方法來了解自己或他人。一生之中，除了和自己相處，最多的時間就是和別人相處，而所謂「人」，就是左一撇右一捺，雖然只有兩撇，但你覺得「人」好搞定嗎？技巧在於用什麼樣的方法讓雙方都能夠接受，並且讓雙方能夠和平相處，卻又能讓雙方達到共同的想法、利益以及合作，這才是重要的，郭老師這本書正是運用 DISC 讓你了解人、認識人。

其實有一句話是這樣說的，「把人搞定，世界就搞定」，但是把人搞定一定要用對方法，因為每個人的想法、做法，每一個人的成長背景，每個人的思考模式都不同，若我們使用自己的想法、做法去與別人相處，那只是單方面的思維，像單行道一般，如果我們可以透過雙向交流，用對方可以接受的方式和他相處，這樣是不是比較容易達到雙贏？！以前有一句話叫做「己所不欲，勿施於人」，就是自己不喜歡的不要給別人，譬如自己不喜歡被公開指責，就不要公開指責別人，自己不喜歡遲到，那我們在和別人相約的時候，也不應該遲到；自己不喜歡別人用這樣的方式來對待你，我們也不要用這樣的方式來對待別人。其實這句話只有對一半，有時候己所不欲，勿施於人，我們換個方式再來想想，自己不喜歡別人公開讚美，難道所有的人都不喜歡被公開讚美嗎？當自己完成了業績，不喜歡別人用獎金的方式給予，而偏好用旅遊、休假的方式，難道其他人也不喜歡獎金嗎？所以，現在，我們把這一句話稍微修正一下，「人之所欲，施之於人」，用別人喜歡的方式和他相處，有些人喜歡被公開讚美，我們就用公開讚美的方式讚美他；有些人不喜歡被公開讚美，喜歡私底下請他吃早餐、同時讚美他、肯定他，他就會很開心。

　　郭老師在這本書裡針對人用 DISC 科學的方法，讓我們能進一步地了解人其實有很多種，利用大數據的觀念來歸納，人可以分成以下四種類型，風、火、水、土，每一種個性的人他們要的東西是不一樣的，譬如說 D 支配型指揮者，要重點、要結果、不喜歡囉嗦，I 影響型社交者，他們喜歡被重視、被看見，他們喜歡發揮、快樂，S 穩健型支持者，喜歡安全可靠和穩定，C 謹慎型思考者，他們喜歡理性、邏輯分析與 SOP 流程，還有一種稱為均衡，他們喜歡因應不同的人事物，給予對的方式，達到對的結果。

　　在我所服務的客戶當中，他們常常和我談到有關領導的部分，有一家國際知名的企業，他們的主管就很頭痛要如何領導七年級、八年級、九年級的夥伴，我和他們分享，年紀雖然很重要，但是更重要的還是你在帶領人，不同的人一定要拿對的鑰匙來開啟，DISC 的運用最重要的是拿對的鑰匙，開對心門，才能夠達成雙贏，如果主管能夠拿對鑰匙，用對方法來和他的員工溝通，不管你的對象是五年級、六年級、七年級、八年級，甚至未來的九年級，你都可以達到讓對方獲得面子，也讓自己獲得裡子的成果，所以這堂課程的滿意度也非常的高，這也是很多公司在他們上完課之後，讓他們覺得很有收穫的地方，並且可以實際運用與落實，以 DISC 為基礎，創造出屬於他們 workshop 當中完美的答案。不同的人有不同的要求，不同的人有不同的想法，不同的人有不同的做法，如果我們都能夠運用 DISC 的模式，給予對方所要的，那我相信，創造雙贏的可能性提高，再透過這套系統建立公司共同的溝通語言，對於個人與企業的提升都有極高的成效。

　　再次恭喜郭老師，也非常恭喜買到這本書的你，因為你正在看一本對的書。我從民國八十七年從事教育訓練到現在已經將近十八年了，在實踐家教育集團曾經擔任 DISC 事業部門的主管，和郭老師以及一群好朋友，將英國這套 Axiom 軟體內化、中文化，郭老師和我在這個過程中協助了許多企業，完成了 DISC 的一系列訓練課程，DISC 不單可以運用在了解自己，還能運用在雙贏溝通、領導、異議處理、銷售、團隊激勵、親子關係、夫妻經營以及家庭生活等，所以不管你是從哪一個角度來切入，DISC 都是非常好用的，恭喜你正走在正確的路上，也感謝郭老師讓我有機會為這本書寫見證，相信你看完書、做完筆記後，還能將裡面告訴我們的行動步驟，按部就班地去執行，一日、兩日、日復一日，你一定可以做到完美、做到最好，李勝隆鄭重

向您推薦這本書，也祝福各位看完書，生活、工作大順利！

雙贏管理顧問公司執行長 / 中華卓越講師協會理事長 **李勝隆**

 ## 處理人際關係最佳的參考工具書

　　很榮幸的能為郭騰尹老師寫見證，進入實踐家教育集團服務十多年，與郭老師結緣至今，感佩郭老師對教育的熱誠與奉獻，這對於我有著重要的啟發與示範意義。有別於一般的培訓講師，郭老師總能將他對生活上新的體驗及領悟，旁徵博引，緊緊地扣住每一位上課夥伴的心，老師甚至可以花上一段時間去尋找適當搭配課程的音樂，或以一個舞台劇的方式詮釋課程主題，以打開學員的心靈視窗。

　　因為工作的關係，經常接觸許多職場新鮮人，也到校園及企業演講關於職涯、生涯發展等相關主題，發現許多學子完全不了解自己，也對於未來充滿了茫然，倘若在求學時代就能了解自己的性格，就會更清楚方向、知道哪一種科系比較適合自己的特質，而不是沒有主見地去選擇工作安定或就業容易的科系。在個人學習過程中，如果沒有興趣，只是為了應付考試及畢業，勉強自己去念不適合自己性格特性的科系，如此只會蹉跎了時光。

　　業務工作不僅僅是銷售商品，更是行銷你的想法，客戶不在意你的學歷有多高、你的外表是什麼，但他們卻在乎你對他的需求有多了解。如果有方法可以了解客戶是屬於自我意識強烈的客戶、還是猶豫不決需反覆思考才會購買的特質，你就能了解每個特性不同的客戶在意的是什麼，自然就會站在客戶的角度，使用正確的溝通並能提高銷售的成交率。客戶服務也是如此，每種不同特性的客戶喜愛的售後服務也會因自己的特性不同而有所差別。

　　「婚姻」始終是個熱門話題，而話題始終圍繞在因為個性不合，離婚率居高不下，卻沒有一個可以用簡單的方式教我們如何挑選伴侶。什麼樣個性的人適合當我們的配偶？絕大多數的人都是憑自己所謂的第六感或外表是否帥氣、美艷，就判斷要不要交往，但交往或結婚之後才發現不論是習慣或是個性都相差甚遠，甚至不知如何優缺互補，導致分手或離婚收場。學會看懂對方，了解自己看事的角度，了解夫妻或情侶間都有所謂的個性、彼此的優

缺點，從中學習如何應對，進而做到真正的包容，而非消極的忍耐，循序漸進的調整、相信你會成為另一半的最愛。

騰尹老師的新書中以 DISC 為基礎，以深入淺出的故事，讓讀者清楚地去了解自己、了解一個人，其中不管是對生涯發展、業務銷售、組織管理、組建團隊、親子關係，甚至配偶關係，都可以從其中找到實際可行的方式。簡單的說，這是一本每個人在了解自我，甚至處理人際關係互動及職場經營上最佳的參考工具書，更是絕對不可或缺的經典著作。

實踐菁英共創基地總監／實踐家教育培訓講師 周宸羽

 認識自己，了解他人

在知道新書要出版的時候，我就非常地興奮，心中的悸動久久難以平復。

一堂改變為堯一生的課程，一位改變為堯一生的老師。

因為十五年前我從學校畢業，退伍後踏入職場，毫無業務經驗的我進入當時的安泰人壽，挑戰難度頗高的保險業務工作。

當時我的主管為我安排的第一堂自費訓練課程就是郭騰尹老師親自教授的 DISC ！

對於當時一個什麼都不懂的小鬼，甚至不能理解為什麼要自掏腰包花個幾千元去上課？一件 Case 都還沒簽成，還沒賺錢就要先花錢？種種小聲音一直在我腦中盤旋。然而，當時課程簡介的一句話深深吸引著我，「認識自己，了解他人」這個不就是我想要的嗎？抱持著半信半疑的態度，我還是走進了教室。

郭騰尹老師的風趣幽默，飽讀詩書是眾所皆知的。時光拉回十五年前依舊風采迷人，一天的課程中我不但透過問卷及精準的報告更認識自己，找到自己的激勵因子，更明白自己的天賦及定位，更讓我對「人」充滿了好奇，一天的學習徹底顛覆我過往對於個性的認知，也讓我更明白如何跟不同類型的人互補合作，甚至精準地找到對方喜愛的溝通模組，能夠快速地與對方契合，建立親和共識為我贏得更多更好的人際關係。一天的投資收穫實在是太巨大無窮了！

於是，十五年前的我將課程所學到的內容落地的用在我的行銷和增員系統上，在保險業的第一年年薪就破百萬，同時建立了一個七人團隊小組，成為單位的增員與行銷的雙料第一名，受邀到各營業處分享，並且破格在升主任前就到訓練中心成為新人基礎班的講師。

近十年的保險生涯中用 DISC 服務了八百八十二位客戶，測驗超過兩千四百份的報告，上百場的講座，也為自己建構了一個數十人的業務團隊。

不僅是事業，DISC 更幫助了我的親密關係，讓我能更清楚明白另一半的價值觀，我更用心在她在乎的事情上，如今我們已結婚十五年，擁有三個活潑懂事的孩子，每天依然有聊不完的話題，並且深愛著彼此。

我感恩我學以致用，現在我已經是一個國際培訓師，在中港台新馬都有授課，鐘點費早已超過一千美元，不論是企業培訓或是公開班，我都謹記郭騰尹老師的教導，一樣米養四種人，學習 DISC 不是為了在別人身上貼標籤，而是要記得「己所不欲，勿施於人」、「人之所欲，常加於人」；用對方喜歡的方式說話，用對方喜歡的方式表達，用對方喜歡的方式溝通。這十五年來一直貫徹落實在「認識自己，了解他人」，如果你想讓你的人生更圓滿，如果你想要你的事業更精進，如果你想要你的關係更和諧，那麼，我唯一可以給你的建議就是好好珍藏這本《性格的力量：喚醒你的 DISC 成功密碼》，它會是我的傳家寶，希望也會是你的。

接下來更讓我興奮的是，很榮幸能跟我的啟蒙老師郭騰尹老師合作，共同推廣 DISC，這是每個人的需要的課程呀！

我將會用我自身的故事見證，加上我近三十年的演說經驗，以及我現今訓練師的身份，全新打造五十二張 DISC 的王牌培訓師，讓來自不同領域，不同職業，不同年齡，不同性別的素人，透過 DISC 的課程模組成為專業的DISC 培訓師或分析師，幫助更多人來認識自己，了解他人，打造互補的共好、共生團隊，協助更多企業，找到員工的天賦，將人才放在對的位置與環境，更能突顯出他的價值。進而提升全台灣競爭力，打造台灣成為快樂、知識、經濟、幸福島，把世界帶進台灣，讓台灣照亮世界！

世界大師企管顧問有限公司營運長 / 迅立整合行銷有限公司執行長　張為堯

實踐家DISC課程服務

實踐家教育集團致力於
推廣運用 DISC 人格特質理論，期望能透過簡單的方法，協助解決複雜的人際問題，除了自英國引進 Axiom Discus 人格特質測評分析系統，透過系統可分析產出 DISCUS 個人、關係、團隊組織等報告外，實踐家 DISC 行為科技中心還協助規劃與籌辦 DISC 系列課程，客製化的訓練內容以協助企業透過教育訓練解決並預防問題：

🏆 **DISC【溝通】系列課程，**將告訴你與他人溝通互動時，讓彼此減少摩擦，溝通不 NG，贏得好人心！

🏆 **DISC【管理】系列課程，**將助你有效帶領團隊，打造卓越將相，建立優質領導風格，做個全方位管理高手。

🏆 **DISC【團隊】系列課程，**將凝聚團隊向心力，彼此包容互補並相互合作，共創從優秀到卓越的贏家團隊！

🏆 **DISC【銷售】系列課程，**將引領你剖析形形色色的客戶，打動他的心，掌握人性的銷售策略完美成交！

🏆 **DISC【情緒】管理系列課程，**讓你能認知壓力對自己影響，掌握情緒管理與壓力抒發，不讓情緒左右你！

🏆 **DISC【了解自己】系列課程，**幫你檢視當前狀況，了解自己雙贏溝通，並活化與調整自己在最佳狀態。

🏆 **【客製化課程】**只要你提出需求，我們將為你與企業量身訂作專屬課程！

　　歡迎您來電說明需求，實踐家黃金講師將提供顧問諮詢、演講、內訓與戶外探索課程等客製化的諮詢與企劃服務，若自己想提升與學習，實踐家教育集團也有國際課程與商業類別等許多公開班課程資訊，請聯繫 DISC 客服直接了解詳情唷！

非常歡迎您加入我們，成為實踐家教育集團的合作夥伴！

★ **Discus 顧問與講師的學習管道** ★

🎖**Axiom Discus 專業顧問認證課程**　🎖**Axiom Discus 高效能培訓師認證課程**

另有不定期舉行的主題講座與課程，歡迎您來電或上官網了解，謝謝您！

實踐家教育集團 DISC 行為科技中心　02-2656-2519

實踐家教育集團 官網 http://www.training.com.tw/

MONEY & YOU

- 很多人用生命在賺錢卻沒有規劃一個值得擁有的生命
- 一個以最小的成本贏得最大獲利的學習投資
- 一個讓您有哭有笑、真實感動，永生受惠的生命經驗

Money&You是由馬修 賽伯(Marshall Thurber)所辦的商業經典學院 （ The Excellerated Business Schools）中的一門課程。

而商業經典學院是專為企業家所創辦的，你將感受到Money & You在三天中帶來的震撼，並且，你將學到最新的突破性的商業經營技巧。

Money&You的基本目標是，學員能將課程的精神帶到——不論是他們的事業、家人或組織裡。你將學到因為品德和廉正的實行而建立了"信任"。

Money&You是一個生活改變的歷程。假如，你已準備讓自己的生命更與眾不同，那Money & You將使你的生命開始與眾不同……

Money &You 創辦人介紹

馬修 賽伯(Marshall Thurber)是波士頓大學法律系畢業生，他與事業合伙人Bobbi Deporter在1978年一同創辦了商業經典學院。

精神導師 巴吉明尼斯特 富樂博士
富樂博士是影響二十世紀人類發展最重要的人之一，他更被後世敬授了幾十種榮譽頭銜，同時獲頒四十八個榮譽博士學位證書，並擁有二十六項非常重要的世界專利與發明。

主講老師 國際資格的老師
林偉賢老師：實踐家教育集團董事長，主要華人區域唯一授證華語中文講師。

郭騰尹老師： 實踐家教育集團副董事長、博觀管理顧問公司總經理、習慣領域學說講師、工商時報專欄作家、知名的教育訓練專家。

Jason老師： •ZECK學堂創辦人•美國生命工程師•畢業于馬來亞大學社會管理系•擁有輔導、心理學、人文及會計學歷•全球第3位中文Money & You講師

吳娟瑜老師： 華人頂尖的演說家之一，經常應邀至世界各地演講，幫助了許多個人、家庭和企業公司。情緒管理、壓力管理、戀愛管理、溝通管理、生涯規劃的專家。

"Money & You"改變了我的生命及重新引導了我的事業方向，這個課程表面上看起來發掘自我的相關性大於談論的部分，然而就在這學習如何完整自我發展的過程中，我卻更自然的學到並賺到更多超乎想像的財富。

羅伯特 清崎(Robert T Kiyosaki.美國)《富爸爸 窮爸爸》全球暢銷書作家

實踐家教育集團（Doers Education Droup）是亞洲最具海外優勢的頂尖商業教育機構，是全球培訓界最權威刊物一美國Training雜誌的國際中文版發行方。它創始於1998年5月8日，全球總部位於台北,海外分支機構位於新坡、香港、馬來西亞、中國大陸等地。主要為企業界提供美國BSE企業家商學院的全系列教育課程。

實踐家教育集團 台北市內湖區內湖路一段516號6樓 Tel：02-26562519 Fax：02-87510850

總裁商業革命

成就商業新時代的創富領袖

CEO of the business revolution 2016

了解更多請掃

一場 新 的 商業革命 已經到來

如今，中國正面臨著各行業產能過剩的挑戰，新的經濟形態呼之欲出-第一產業正由統生產型向產、供、銷一體化的綠色生態型轉變；第二產業方面的"工業4.0"正引著中國"智"造的主流；而第三產業也將朝著多層次個性化需求滿足以及品牌連鎖的方向進化...

過去成功靠 機會 未來成功靠 智慧

實踐家教育集團誠摯邀請您來一同參與2016全新商業革命新境界

總裁商業革命 課程模組

圍繞管理模式、商業模式、資本模式三個方面，深挖企業革新的核心力量，解讀新時代企業優化運作的六大模組內容，找准企業發展方向，提升企業利潤

▶▶ **模組一 商業趨勢的革命**
A 商業的下一個"風口"在哪裡
B 沒有永遠成功的企業，只有時代的企業
C 讀懂政府政策的暗號與密碼
D 未來中國的十大創富產業
E "中國模式"影響全世界

▶▶ **模組二 商業思維的革命**
A 企業家必備的三大思維模式
B 改變思維模式，點燃創新智慧
C 突破創新障礙，直入無人競爭新境界
D 創新行銷，打造21世紀行銷系統
E 中國製造轉向中國"智"造

▶▶ **模組三 管理模式的革命**
A 文化的力量：企業共同語言的打造
B 知人善任：瞭解人性，掌握人性
C 頂層設計：各類型企業股權結構模式設
D 把人留下：股權激勵方案設計六大要素
E 把心留下：合夥人文化打造
F 把經驗留下：系統建立自動運轉

▶▶ **模組四 商業模式的革命**
A 複製與創新：構建可持續性商業模式
B 定位：發現商機，政策就是趨勢
C 贏利模式與設計：開創新的贏利點
D 關鍵資源和能力
E 業務系統：創造上下游系統價值鏈
F 價值主張先行

▶▶ **模組五 資本模式的革命**
A 資本運作：玩轉資本市場的價值增長模式
B 上電梯戰略：借金融資本之力迅速擴張
C 搶佔新三板，搶抓新機遇
D 眾籌─籌人、籌智、籌管道、籌未來
E 路演：資本時代企業家的必修法門

▶▶ **模組六 投資方式的革命**
A 投資法則：做好本業、股權投資，互為代理，共同股東
B 等風來，投資者眼中好企業的五大標準
C 避免陷入投資的八大誤區
D 無商不富，無股權不富

總裁商業革命 重量級講師 林偉賢 老師

亞太商業模式第一人
實踐家教育集團董事長
實踐家商業培訓學院創辦人

美國西北大學商業模式中心 研究員
華人國際十大培訓師之一

美國奧克拉荷馬市大學 榮譽企管博
馬來西亞首相署中小企業拓展中心

DOERS GROUP 實踐家教育集團　Tel : (02)2656-2519　Fax : (02)8751-0850　請洽詢您專屬的諮詢顧問

為什麼
你還是窮人？創業如何從0到1
創業·經驗·分享 Startup + Experience + Sharing

　　19世紀50年代在美國加州的發現大量黃金儲量，隨之迅速興起了一股淘金熱。農夫亞默爾原本是跟著大家來淘金一圓發財夢，後來他發現這裡水資源稀少，賣水會比挖金更有機會賺錢，他立即轉移目標——賣水。他用挖金礦的鐵鍬挖井，他把水送到礦場，受到淘金者的歡迎，亞默爾從此很快便走上了靠賣水發財的致富之路。無獨有偶，雜貨店老闆山姆·布萊南蒐購美國西岸所有的平底鍋、十字鍬和鏟子，以厚利賣給渴望發財的淘金客，讓他成為西岸第一個百萬富翁。

　　每個創業家都像美國夢的淘金客，然而真正靠淘金致富者卻很少，實際創業成功淘金的卻只占少數，更多的是許多創新構想在還沒開始落實就已胎死腹中。

創業難嗎？只要你找對資源，跟對教練，創業不NG！

師從成功者，就是獲得成功的最佳途徑！
不論你現在是尚未創業、想要創業、或是創業中遇到瓶頸

你需要有經驗的明師來指點——**應該如何創業，創業將面臨的考驗，到底要如何來解決——王擎天博士就是你創業業師的首選**，王博士於兩岸三地共成立了**19**家公司，累積了豐富的創業知識與經驗，及獨到的投資眼光，為你準備好創業攻略與方向，手把手一步一步地指引你走上創富之路。

好創意　新技術　有熱情　→　名師指引　團隊支援　→　創業保證成功

2017八大明師創業培訓高峰會

Step1	Step2	Step3	Step4	祝！
想創什麼業？	你合適嗎？	寫出創業計畫書	創業·我挺你！	創業成功！

你創業我相挺！你想創業嗎？

這是一個創業最好的時代，如今的創業已從一人全能、單打獨鬥的場面轉變為團隊創業、創意創業。每個創業家都像故事中的淘金客，而**王擎天博士主持的創業培訓高峰會、Saturday Sunday Startup Taipei ,SSST、擎天商學院實戰育成中心**就是為創業家提供水、挖礦工具和知識、資訊等的一切軟硬體支援，為創業者提供創業服務。幫你「找錢」、「找人脈」、「對接人才」、幫你排除「障礙」，為你媒合一切資源，提供你關鍵的協助，挺你到底！

2017 SSST 創業培訓高峰會 StartUP@Taipei

活動時間：2017 ▶ 6/3、6/24、6/25、7/8、7/9、7/22、7/23、8/5

—— Startup Weekend！ 一週成功創業的魔法！ ——

★立即報名★ → 報名參加 2017 SSST 由輔導團隊帶著你一步步組成公司，
上市上櫃不是夢！雙聯票推廣原價：**49800** 元
早鳥優惠價：**9900** 元 (含 2017 八大八日完整票券及擎天商學院
EDBA 20 堂秘密淘金課)

★參加初選★ → 投遞你的創業計畫書，即有機會於 SSST 大會上上台路演，當場眾籌！
有想法，就來挑戰～創業擂台與大筆資金都等著你！

初選
投遞你的
創業計畫書

➡

書面審查
評選出 50 名
參加複賽決選

➡

決選路演
在創業競賽大會上
簡報你的創業計畫

**給你一切
的支援**

⬅

業師輔導
財務規劃、法律、
行銷等諮詢輔導

⬅

資源媒合
現場對接資金、
人脈、媒合人才

**成立公司
上市或上櫃**

這場盛會，將是
**改變你
人生的起點！**

為什麼
創業會失敗？

內含史上最強「創業計畫書」

課程詳情及更多活動資訊請上官網 ▶ 新絲路網路書店
http://www.silkbook.com

國家圖書館出版品預行編目資料

性格的力量：喚醒你的DISC成功密碼 / 郭騰尹著. --
初版. -- 新北市：創見文化出版, 采舍國際有限公司發
行, 2016.12　面；公分-- （成功良品；96）
ISBN 978-986-271-730-1（平裝）

1.類型心理學　2.人格特質　3.人際關係

173.7　　　　　　　　　　　　　　　　105018792

成功良品 96

性格的力量：喚醒你的DISC成功密碼

創見文化 · 智慧的銳眼

出版者／創見文化
作者／郭騰尹
插畫／咖啡蔬果　　　　　　　主編／馬加玲
總編輯／歐綾纖　　　　　　　美術設計／蔡億盈

本書採減碳印製流程
並使用優質中性紙
（Acid & Alkali Free）
通過綠色印刷認證，
最符環保要求。

郵撥帳號／50017206 采舍國際有限公司（郵撥購買，請另付一成郵資）
台灣出版中心／新北市中和區中山路2段366巷10號10樓
電話／（02）2248-7896　　　　傳真／（02）2248-7758
ISBN／978-986-271-730-1
出版日期／2016年12月

全球華文市場總代理／采舍國際有限公司
地址／新北市中和區中山路2段366巷10號3樓
電話／（02）8245-8786　　　　傳真／（02）8245-8718

全系列書系特約展示門市
新絲路網路書店
地址／新北市中和區中山路2段366巷10號10樓
電話／（02）8245-9896
網址／www.silkbook.com

創見文化 **facebook** https://www.facebook.com/successbooks

本書於兩岸之行銷（營銷）活動悉由采舍國際公司圖書行銷部規畫執行。

線上總代理 ■ 全球華文聯合出版平台 www.book4u.com.tw
主題討論區 ■ http://www.silkbook.com/bookclub　　　● 新絲路讀書會
紙本書平台 ■ http://www.silkbook.com　　　　　　　● 新絲路網路書店
電子書平台 ■ http://www.book4u.com.tw　　　　　　● 華文電子書中心

Ⓑ **華文自資出版平台**　**全球最大的華文自費出版集團**
www.book4u.com.tw　專業客製化自助出版 · 發行通路全國最強！
elsa@mail.book4u.com.tw
chialingma@mail.book4u.com.tw